中职生主题班会

主　编　何发生　胡东京　吴晓蓉
副主编　郭永华　庄阳春　黄巾哲
参　编　张日梁　胡　皓　张利强

北京理工大学出版社
BEIJING INSTITUTE OF TECHNOLOGY PRESS

内容简介

依据《新时代公民道德建设实施纲要》《教育部办公厅关于加强和改进新时代中等职业学校德育工作的意见》和《中国学生发展核心素养》，确立学生德育培养的"爱国信仰、品德修养、自我发展、健康生活、责任担当、职业精神"6项维度，建立起3年6个学期递进式18项核心教育内容和54个主题班会内容。

本书既可作为中职学校开展主题班会活动的参考用书，还可作为学生自我提升的参考用书。

版权专有　侵权必究

图书在版编目（CIP）数据

中职生主题班会 / 何发生, 胡东京, 吴晓蓉主编. -- 北京：北京理工大学出版社, 2024.5
ISBN 978-7-5763-3981-9

Ⅰ.①中… Ⅱ.①何… ②胡… ③吴… Ⅲ.①班会—中等专业学校—教材 Ⅳ.① G718.3

中国国家版本馆 CIP 数据核字（2024）第 097376 号

责任编辑：王梦春　　**文案编辑**：邓　洁
责任校对：刘亚男　　**责任印制**：施胜娟

出版发行 / 北京理工大学出版社有限责任公司
社　　址 / 北京市丰台区四合庄路6号
邮　　编 / 100070
电　　话 / （010）68914026（教材售后服务热线）
　　　　　　 （010）68944437（课件资源服务热线）
网　　址 / http://www.bitpress.com.cn

版 印 次 / 2024年5月第1版第1次印刷
印　　刷 / 定州市新华印刷有限公司
开　　本 / 889 mm × 1194 mm　1/16
印　　张 / 12
字　　数 / 210千字
定　　价 / 45.90元

图书出现印装质量问题，请拨打售后服务热线，负责调换

前言

随着社会的发展和科技的进步，教育的重要性日益凸显。中职教育作为我国教育体系的重要组成部分，旨在培养学生的职业技能和综合素质，以满足社会对不同领域人才的需求。在中职教育中，主题班会活动是一项重要的教育内容，它对于促进学生的全面发展、增强班级凝聚力、提升学生的社会责任感具有积极的意义。

本教材针对中职学校主题班会活动而编写，教材共有 6 个模块，包含 18 项核心教育内容，共 54 个主题班会。我们结合中职学生的年龄特点、心理状态、职业需求等因素，从实际出发，选取了具有代表性和实用性的主题，涵盖了职业道德、团队合作、创新创业、社会责任等多个方面。通过丰富多彩的活动设计和案例分析，引导学生积极参与、自主思考，培养他们的综合素质和职业能力。

本教材具有以下特点：

（1）针对性强：针对中职学生的特点和需求，选取贴近学生生活的主题，注重实用性和可操作性。

（2）内容丰富：涵盖多个领域，包括职业道德、团队合作、创新创业、社会责任等方面，有助于学生全面提升综合素质。

（3）活动多样：通过多种形式的活动设计，如演讲、辩论、角色扮演、小组讨论等，激发学生的参与热情和创造力。

（4）案例真实：选用真实的案例和故事，以增强代入感和对学生的启发性，让学生更好地理解并掌握知识。

（5）实用性强：既可作为中职学校开展主题班会活动的参考用书，还可作为学生自我提升的参考用书。

本教材的编写团队由多位来自不同专业领域、具有扎实的理论基础、丰富的教学经验和实践能力的教师组成。在编写过程中，我们参考了大量的相关文献和资料，力求使本教材内容丰富、结构清晰、易于使用。

　　本教材的出版得到了许多专家的支持和指导，在此表示衷心的感谢。同时，我们也要感谢所有参与本教材编写和出版的同事们，他们的辛勤工作和付出为本教材的顺利出版提供了保障。

　　我们希望本教材能够为中职学校的主题班会活动提供有力的支持，帮助学生更好地成长和发展。由于时间仓促和编者水平有限，本教材不足之处在所难免，敬请广大读者批评指正。

编　者

Contents 目录

模块一 爱国信仰篇
- 一、爱家国　　2
- 二、坚信仰　　17
- 三、思报国　　27

模块二 品德修养篇
- 一、守规矩　　38
- 二、讲公德　　48
- 三、扬正气　　58

模块三 自我发展篇
- 一、有梦想　　70
- 二、炼内功　　79
- 三、求创新　　89

模块四 健康生活篇
- 一、保安全　　102
- 二、健身心　　112
- 三、爱生活　　120

模块五 责任担当

一、能自主　　130
二、勇担当　　138
三、担使命　　146

模块六 职业精神篇

一、懂职业　　156
二、熟技能　　164
三、铸匠心　　174

爱国信仰篇　模块一

　　爱国是一种对祖国和民族的高度热爱和忠诚，是一种强烈的民族自豪感和责任感，是每个公民都应该具备的基本素质之一。它表现为对祖国的山河、文化、历史和人民的热爱，以及愿意为祖国的繁荣和发展做出贡献。

　　爱国是一种基本的道德情感，也是中华民族的传统美德之一。在古代，人们通过诗歌、散文、戏剧等多种形式表达对祖国的热爱之情。在现代，爱国则表现为对国家的认同和忠诚，积极参与国家的建设和发展。在当代，爱国主义的本质就是坚持爱国和爱党、爱社会主义高度统一，坚定"四个自信"。

　　爱国不仅仅是一种情感，更是一种行动。它需要人们通过自己的努力和奋斗，为祖国的繁荣和发展做出贡献。同时，爱国也需要人们尊重和保护国家的文化遗产和民族精神，传承和弘扬中华民族的优秀传统文化。

　　爱国是一种高尚的道德情感和行为，是中华民族的传统美德之一。我们应该时刻保持对祖国的热爱和忠诚，为祖国的繁荣和发展贡献自己的力量。

一、爱家国

主题班会1：我爱国旗、国徽、国歌

活动目标

（1）增强学生对国家象征——国旗、国徽、国歌的认识和尊重。
（2）培养学生的爱国主义情怀，增强其民族自豪感和集体荣誉感。
（3）引导学生了解国旗、国徽、国歌的历史背景和象征意义，理解其背后的故事和内涵。

活动准备

（1）准备国旗、国徽、国歌的相关资料和图片，通过互联网查找我国国旗的由来、国徽的设计理念、国歌的历史背景等。
（2）准备爱国主义教育视频或音频资料，如纪录片、音乐等。
（3）提前通知学生班会主题，让他们有足够的时间去了解相关的知识和内容。

活动过程

（一）开场白

在班会开始之前，主持人先介绍本次班会的主题和目的，引导学生进入主题。

主持人开场白示例

尊敬的老师、亲爱的同学们：

大家好！今天，我们将召开一场主题班会，主题是"我爱国旗、国徽、国歌"。在这个时刻，我想和大家分享一些关于国旗、国徽、国歌的历史和意义，以及它们在我国的重要地位。

国旗是一个国家的象征，代表着国家的尊严和荣誉。国徽则是一个国家的标志，代表着国家的文化和传统。而国歌则是一个国家的歌曲，代表着国家的精神和风貌。这三者共同构成了我们国家的形象和标志，我们每个人有责任和义务去尊重和爱护它们。

作为中国人，我们应该深知国旗、国徽、国歌的重要性，它们不仅是国家的象征，更是民族的灵魂。我们要时刻铭记历史，珍惜现在，为祖国的未来而努力奋斗。

今天，让我们一起在班会上深入探讨"我爱国旗、国徽、国歌"这一主题，让我们更加深入地了解国旗、国徽、国歌的历史和文化内涵，更加珍惜和爱护它们。让我们一起为实现中华民族伟大复兴的中国梦而努力奋斗！

（二）学习了解国旗、国徽和国歌

通过展示图片、讲解、讨论等方式，让学生了解国旗、国徽、国歌的历史背景、象征意义和背后的故事。

1. 国旗

国旗是一个国家的标志性旗帜，代表着一个国家的主权和尊严。世界上第一面国旗是由法国人凯拉斯科于 1776 年设计制作的，当时美国独立战争正在进行中。这面旗帜采用了象征自由的蓝色为主色调，上面有象征革命的红色和白色构成的纹章图案。从此之后，各国纷纷开始使用国旗来表示自己的主权和国家身份。

中华人民共和国国旗

"五星红旗迎风飘扬，胜利歌声多么响亮，歌唱我们亲爱的祖国，从此走向繁荣富强……"当《歌唱祖国》的歌声缓缓响起，我们每个人的心中都无比自豪骄傲。中华人民共和国国旗是五星红旗，是中华人民共和国的象征和标志。

中华人民共和国国旗的设计者是曾联松，旗面为红色，长方形，其长与高之比为 3∶2，旗面左上方缀五颗黄色五角星。一星较大，其外接圆直径为旗高的 3/10，居左；四星较小，其外接圆直径为旗高 1/10，环拱于大星之右。

《中华人民共和国国旗法》规定：公民和组织应当尊重和爱护国旗，维护国旗的尊严和完整。因此，正确使用国旗、国徽、国歌是我们每个公民的责任和义务。在使用国旗时，应该遵循以下要求：

按照国旗法的要求规范使用国旗。在公共场合使用国旗时，要严格按照国旗法的要求规范使用国旗，不得出现任何不尊重国旗的行为。

尊重国旗的地位和含义。国旗是国家的重要象征和标志，具有庄严性和神圣性。在使用国旗时，要充分尊重国旗的地位和含义，不得随意侮辱或轻视国旗。

爱护国旗并保持清洁。国旗代表着国家的形象和荣誉，我们应该像爱护自己的生命一样爱护国旗。在使用过程中要注意保护国旗，避免损坏或污染，同时也要保持国旗的清洁卫生。

知识拓展

如何悬挂国旗

（1）不得升挂破损、污损、褪色或者不合规格的国旗。国旗必须升至旗杆顶端。

（2）升挂国旗，应当将国旗置于显著的位置。国旗与其他旗帜同时升挂时，应当将国旗置于中心、较高或突出的位置。在外事活动中同时升挂两个以上国家的国旗时，应当按照外交部的规定或者国际惯例升挂。

（3）国旗及其图案不得用作商标和广告，不得用于私人丧事活动。悬挂位置要适当，国旗不得落地、落水、揉作一团等。

2. 国徽

国徽是代表国家的徽章、纹章或标志物，通常用于表示国家的权威和荣誉。世界上最早的国徽出现在古希腊时期，当时各个城邦都设计了独特的徽标来代表自己。随着时间的推移，这些徽标逐渐演变为现代意义上的国徽。

中华人民共和国国徽

中华人民共和国国徽是中华人民共和国主权的象征和标志。

中华人民共和国国徽，中间是五星照耀下的天安门，周围是谷穗和齿轮，象征中国人民自"五四"运动以来的新民主主义革命斗争和工人阶级领导的以工农联盟为基础的人民民主专政的新中国的诞生。

一、爱家国

知识拓展

《中华人民共和国国徽法》节选

第三条　中华人民共和国国徽是中华人民共和国的象征和标志。一切组织和公民，都应当尊重和爱护国徽。

第十三条　国徽及其图案不得用于：

（一）商标、授予专利权的外观设计、商业广告；

（二）日常用品、日常生活的陈设布置；

（三）私人庆吊活动。

（四）国务院办公厅规定不得使用国徽及其图案的其他场合。

第十四条　不得悬挂破损、污损或者不合规格的国徽。

第十五条　在公共场合故意以焚烧、毁损、涂划、玷污、践踏等方式侮辱中华人民共和国国徽的，依法追究刑事责任；情节较轻的，由公安机关处以十五日以下拘留。

3. 国歌

国歌是一个国家的歌曲，代表着国家的文化和精神风貌。世界上最早的国歌出现于18世纪末的欧洲各国，当时被称为"王者之歌"或"皇家赞歌"。

我国历史上第一首正式的国歌则是《义勇军进行曲》，由田汉作词、聂耳作曲。这首歌激励了无数中华儿女为民族独立和自由而奋斗。

中华人民共和国国歌

中华人民共和国国歌是《义勇军进行曲》。

《义勇军进行曲》是电影《风云儿女》的主题歌，该歌曲被称为中华民族解放的号角，歌曲自1935年在民族危亡的关头诞生以来，对激励中国人民的爱国主义精神起到了巨大的作用，后成为中华人民共和国国歌。中华人民共和国国歌是中华人民共和国的象征和标志。一切公民和组织都应当尊重国歌，维护国歌的尊严。

国旗、国徽、国歌作为国家的象征和标志，不仅代表着国家的形象和文化底蕴，更寄托着人们对祖国的热爱和对和平的追求。因此，我们应该尊重国旗、国徽、国歌的庄严性和神圣性，维护它们的尊严和荣誉。同时，我们也应该学习和传承祖国的历史和文化，弘扬爱国主义精神和民族自豪感，为实现中华民族伟大复兴的中国梦而不懈努力！

《中华人民共和国刑法》规定

第二百九十九条　在公共场合故意以焚烧、毁损、涂划、玷污、践踏等方式侮辱中华人民共和国国旗、国徽的，处三年以下有期徒刑、拘役、管制或者剥夺政治权利。

《中华人民共和国刑法》规定

第十五条　在公共场合，故意篡改中华人民共和国国歌歌词、曲谱，以歪曲、贬损方式奏唱国歌，或者以其他方式侮辱国歌的，由公安机关处以警告或者十五日以下拘留；构成犯罪的，依法追究刑事责任。

（三）升旗仪式的礼仪要求

升旗仪式是一种庄严的仪式，要求参与者保持肃立、端正，并遵循一系列礼仪规范。下面是升旗仪式的礼仪要求：

（1）肃立：在升旗仪式进行过程中，所有人都应该保持肃立，面向国旗，不要交头接耳或四处张望。

（2）神态庄严：面向国旗行注目礼时，神态要庄严，目光要追随国旗，表现出对国旗的尊重和敬意。

（3）注意仪态：参加升旗仪式时，仪态要端正，身体挺直，双手自然下垂，放在身体两侧。

（4）脱帽敬礼：在升旗仪式进行过程中，所有人都应该脱帽，以示对国旗的尊重。

（5）跟唱国歌：在升旗仪式进行过程中，所有人都应该跟唱国歌，声音要响亮、清晰，表达出对国家的热爱和忠诚。

（6）保持安静：在升旗仪式进行过程中，所有人都应该保持安静，不要大声喧哗或嬉笑打闹。

（7）行注目礼：在升旗仪式进行过程中，所有人都应该行注目礼，注视国旗，表达对国家的敬意和热爱。

（8）退场有序：在升旗仪式结束后，所有人都应该有序地离开现场，不要拥挤或争抢。

一、爱家国

升旗仪式是一种庄严的仪式，要求参与者保持肃立、端正，并遵循一系列礼仪规范。这些礼仪要求不仅是对国旗的尊重和敬意，更是对国家的热爱和忠诚的体现。

（四）讨论分享

当国歌响起时，我们应该怎么做？通过小组讨论或自由发言等方式，让学生分享自己对国旗、国徽、国歌的认识和理解。

活动结束

回顾总结：教师进行总结点评，强调国旗、国徽、国歌的重要性，肯定学生的参与和表现。

布置作业：制作一张与国旗、国徽、国歌相关的手抄报。

主题班会 2：可爱的中国

活动目标

（1）增强学生对中国文化和历史的了解和认识，培养学生的爱国主义情感。
（2）引导学生了解我国的美丽风光、传统文化、现代成就等方面，感受中国的独特魅力。
（3）培养学生的民族自豪感和集体荣誉感，激励他们为祖国的繁荣发展贡献力量。

活动准备

（1）利用互联网查找关于我国的自然人文风光、文化、历史等方面的图片和视频资料，如长城、故宫、兵马俑等文化遗产。

（2）准备体现我国现代成就的资料，如科技、经济、文化等方面的发展成果。

（3）提前通知学生，让他们有足够的时间去了解并准备相关的知识和内容。

活动过程

（一）开场白

在班会开始之前，主持人先介绍本次班会的主题和目的，引导学生进入主题。

主持人开场白示例

尊敬的老师、亲爱的同学们：

大家好！

欢迎来到今天的主题班会，我们的主题是——可爱的中国。

中国，一个拥有悠久历史和灿烂文化的国家，也是我们的祖国。在这个伟大的国家里，我们汲取着丰富的营养，感受着民族精神的熏陶。我们的祖国，既有广袤的疆土，也有丰富的资源；既有众多的人口，也有多彩的文化。

今天，让我们一起走进这个可爱的国家，了解她的过去、现在和未来。让我们一起感受这个可爱的国家，感受她的魅力、她的活力、她的希望。

现在，让我们开始今天的主题班会——可爱的中国。

（二）文化历史

通过展示图片、讲解、讨论等方式，让学生了解我国的历史文化和风土人情。

1. 长城

俗话说："不到长城非好汉。"长城（图1-1）是我国古代的军事防御工事，是一道高大、坚固而且连绵不断的长垣，用以限隔敌骑的行动。长城不是一道单纯孤立的城墙，而是以城墙为主体，同大量的城、障、亭、标相结合的防御体系。长城修筑的历史可上溯到西周时期，发生在首都镐京（今陕西西安）的著

图1-1 长城

名典故"烽火戏诸侯"就源于此。春秋战国时期，列国争霸，互相防守，长城修筑进入第一个高潮，但此时修筑的长度都比较短。秦灭六国统一天下后，秦始皇开始连接和修缮战国长城，方有万里长城之称。明朝是最后一个大修长城的朝代，现今人们所看到的长城多是此时修筑而成。

长城主要分布于河北、北京、天津、山西、陕西、甘肃、内蒙古、黑龙江、吉林、辽宁、山东、河南、青海、宁夏、新疆共15个省、自治区、直辖市。其中河北省境内长度2 000多千米，陕西省境内长度1 838千米。根据文物和测绘部门的全国性长城资源调查结果，明长城总长度为8 851.8千米，秦汉及早期长城超过1万千米，总长超过2.1万千米。现存长城文物本体包括长城墙体、壕堑、界壕、单体建筑、关堡、相关设施等各类遗存，总计4.3万余处（座/段）。

1961年3月4日，长城被国务院公布为第一批全国重点文物保护单位。1987年12月，长城被列为世界文化遗产。2020年11月26日，国家文物局发布了第一批国家级长城重要点段名单。

2. 故宫博物院

故宫博物院（图1-2），旧称紫禁城，位于北京中轴线的中心，是中国明清两代的皇家宫殿。它以三大殿为中心，占地面积约72万平方米，建筑面积约15万平方米，有大小宫殿七十多座。故宫于明成祖永乐四年（1406）开始建设，以南京故宫为蓝本营建，于永乐十八年（1420）建成，成为明清两朝二十四位皇帝的皇宫。民国十四年国庆节（1925年10月10日），故宫博物院正式成立开幕。

图1-2 故宫博物院

故宫博物院的建筑分为外朝和内廷两部分。外朝的中心为太和殿、中和殿、保和殿，统称三大殿，是国家举行大典礼的地方。三大殿左右两翼辅以文华殿、武英殿两组建筑。内廷的中心是乾清宫、交泰殿、坤宁宫，统称后三宫，是皇帝和皇后居住的正宫。其后为御花园。后三宫两侧排列着东、西六宫，是后妃们居住休息的地方。

故宫博物院是世界上现存规模最大、保存最为完整的木质结构古建筑群之一，是国家AAAAA级旅游景区，1961年被列为第一批全国重点文物保护单位；1987年被列为世界文化遗产。

3. 兵马俑

秦始皇兵马俑博物馆位于陕西省西安市临潼区秦陵镇，成立于 1975 年 11 月，原为秦始皇兵马俑筹建处，于 1979 年 10 月 1 日正式开馆，建于临潼县东 7.5 千米的骊山北麓的秦始皇帝陵兵马俑坑遗址上，西距西安 37.5 千米。博物馆以秦始皇陵为基础，由秦俑馆、秦始皇陵、丽山园等组成，其中秦俑馆包括一号、二号、三号、陈列厅、环幕电影院等，而秦始皇陵则包括封土、便殿、寝殿、百戏等。

兵马俑（图 1-3）是博物馆内最著名的展品之一，是一组按照古代军队编制和战斗队形排列的陶质武士俑，高约 1.8 米，重约 480 千克。这些兵马俑的面部表情和性格特征各不相同，栩栩如生，被誉为"世界第八大奇迹"。此外，博物馆内还有各种文物和历史遗迹，如铜车马、百戏俑、文官俑等，展示了秦朝时期的军事、文化和社会生活。

（三）美丽风光

"读万卷书，行万里路。"（出自董其昌的《画禅室随笔》），它意味着读书与旅行相结合，以获得更深入的见解和体验。通过读书，人们可以获得丰富的知识和理论，而在实际生活中旅行则能提供实践和经验。这种结合可以帮助人们更好地理解世界，并使自己的知识和见识得到提升。

播放展示我国风光的纪录片，如《河西走廊》《围城随笔》《极地》《蔚蓝之境》《天山脚下》或展示祖国大好河山的图片，让学生感受祖国的美丽风光和自然景观。

图 1-3　兵马俑

（四）现代成就

通过展示资料、讲解、讨论等方式，让学生了解中国的现代成就和发展成果，如科技、经济、文化等方面的发展成果。

以科技为例，中国在科技领域取得了许多重大成就，包括但不限于以下几个方面：

（1）航天技术：中国已经成为世界上有重要影响力的航天大国，成功发射了多枚卫星、空间站和探测器，例如"天问一号"火星探测器等。

（2）高铁技术：中国的高铁网络覆盖全国各地，不仅在速度和规模上领先于其他国家，在技术和安全方面也具有很高的水平。

（3）量子通信技术：中国在量子通信领域也取得了重大进展，利用量子纠缠可以实现信息的安全传输和加密，具有很高的安全性和保密性。

（4）5G技术：中国的5G网络已经覆盖了大部分城市和农村地区，提供了更快、更稳定的网络连接，促进了互联网、物联网、人工智能等技术的发展。

（5）人工智能技术：中国的人工智能技术在全球处于领先地位，许多大型科技公司都在该领域进行了深入研究和应用，涵盖了机器学习、自然语言处理、计算机视觉等多个方面。

（6）生物技术：中国的生物技术产业正在快速发展，涵盖了生物医药、生物农业、生物环保等领域，已经成功开发出多种新型药物和治疗方案。

（7）新能源技术：中国在新能源领域也取得了重大进展，例如太阳能、风能、水能等清洁能源的开发和利用。新能源技术已经在全国范围内得到广泛应用。

除此之外，中国还在材料科学、计算机科学、机械工程等领域取得了重大成就。总之，中国在科技领域的发展已经取得了显著成果，为国家的经济发展和社会进步做出了重要贡献。

（五）讨论分享

在假期里，同学们是否外出领略了祖国的大好河山？通过小组讨论或自由发言等方式，让学生分享自己旅行的见闻和经历。

活动结束

回顾总结：教师进行总结点评，回顾本次班会的主要内容和目标，强调爱国主义的重要性，强调我国的独特魅力和可爱之处，肯定学生的参与和表现。

布置作业：写一篇《大美中国》的小作文，介绍我国的秀丽风光、自然景观，300字左右。

主题班会3：了解自己的家乡

活动目标

（1）增强学生对自己家乡的了解和认识，培养其热爱家乡的情感。
（2）引导学生了解家乡的历史、文化、风土人情等方面，感受家乡的独特魅力。
（3）培养学生的乡土情怀和集体荣誉感，激励他们为家乡的发展贡献力量。

活动准备

（1）化身家乡代言人，准备关于家乡的历史、文化、风土人情等方面的资料，如家乡的著名景点、特色美食等。
（2）提前通知学生，让他们有足够的时间去了解相关的知识和内容。

活动过程

（一）开场白

在班会开始之前，主持人先介绍本次班会的主题和目的，引导学生进入主题。

主持人开场白示例

尊敬的老师、亲爱的同学们：

大家好！

欢迎来到今天的主题班会，本次班会的主题是——了解自己的家乡。

每个人的家乡都是一片独特的土地，充满了历史的痕迹和文化的色彩。我们的家乡，不仅是我们成长的地方，也是我们与亲友共度时光的温馨港湾。

对个人而言家乡是一个具有特殊情感和意义的地方。它可能是一个你成长的地方，一个你曾经生活过的地方，或者一个你从未真正去过但一直心心念念的地方。无论你来自哪里，家乡都会成为你生命中一个重要的部分，因为它承载了你的成长记忆、家庭历史和文化背景等信息。

在今天的主题班会中，我们将通过探讨家乡的历史、文化、风土人情等方面，深入了解我们的家乡。我们也将分享彼此的故事和经历，增进相互之间的了解和感情。让我们一起走进家乡的历史长河，感受它的独特魅力，同时也为我们的家乡感到骄傲和自豪。

（二）历史传承

通过展示图片、讲解、讨论等方式，让学生了解家乡的历史渊源和文化传承。可以邀请一些当地的老人或文化专家进行讲解，提高知识的准确性和深度。下面以江西省为例进行介绍。

1. 历史渊源

江西是古代文明的重要发源地之一。早在商周时期，江西地区就出现了灿烂的青铜文明，如新干大洋洲商代遗址、吴城商代遗址等。这些遗址出土了大量的青铜器、陶器和玉器等珍贵文物，展示了江西古代文明的繁荣。

江西自古以来就是文化繁荣之地。唐代诗人王勃曾在《滕王阁序》中描述江西的文化底蕴，如"物华天宝，人杰地灵"。宋代更是江西文化的鼎盛时期，出现了许多杰出的文人墨客，如王安石、欧阳修、曾巩等。

2. 文化传承

陶瓷文化：江西是中国陶瓷的重要产地之一。景德镇是中国陶瓷之都，有着悠久的陶瓷历史和精湛的陶瓷技艺。景德镇陶瓷以其独特的造型、精美的纹饰和卓越的品质而闻名于世。

戏曲文化：江西有着丰富的戏曲文化。赣剧是江西的代表性戏曲剧种之一，具有浓郁的地方特色和独特的艺术风格。赣剧表演以唱为主，融合了说、念、做、打等多种表演形式，具有较高的艺术价值。

民间艺术：江西的民间艺术也非常丰富多样。例如，剪纸、绘画、泥塑等民间艺术形式在江西广为流传，为当地民众的生活增添了色彩。

红色文化传承：江西作为中国革命的重要发源地之一，红色文化是其重要的文化传承之一。在江西各地，有许多革命历史遗址和纪念馆，如井冈山革命博物馆、瑞金革命纪念馆等。这些场馆通过展示革命历史文物和图片资料，向人们讲述着那段艰苦卓绝的革命历程。

模块一　爱国信仰篇

总之，江西是一个拥有悠久历史和丰富文化的省份。在历史的长河中，江西人民用自己的智慧和勤劳创造出了灿烂的文化瑰宝。

（三）美丽风光

播放展示家乡美景的纪录片或图片，让学生感受家乡的自然景观和人文环境的独特魅力。赣州宋城如图 1-4 所示。

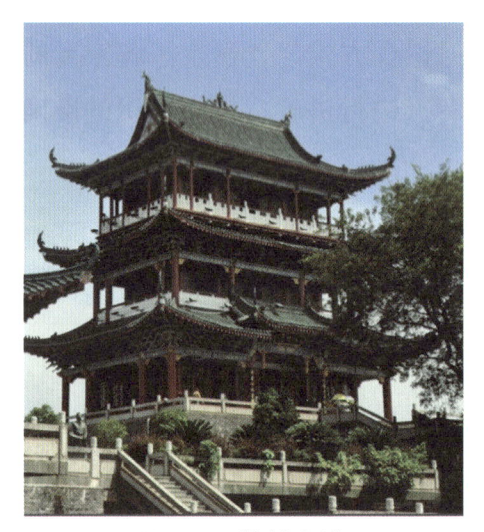

图1-4　赣州宋城

扩展链接

我的家乡特产——赣南脐橙

赣南脐橙（图 1-5），是江西省赣州市的特产，也是中国国家地理标志产品。赣南脐橙以其独特的品质和口感而备受赞誉，成为中国水果界的一颗璀璨明珠。

在赣南地区，脐橙种植历史悠久，品种繁多。在赣南的脐橙果园里，果农们精心照料着每一棵果树。他们按照科学的管理方法，为果树施肥、浇水、修剪、疏果等，确保果树健康生长，结出优质的脐橙。在采摘季节，果农们忙碌地穿梭在果园中，将一个个饱满的脐橙从树上摘下，送到市场和消费者手中。

除了品质优良的脐橙外，赣南地区还有许多与脐橙相关的风景和文化。在脐橙产地，游客可以欣赏漫山遍野的脐橙树，感受浓郁的果香和清新的空气。此外，当地还有许多与脐橙相关的民俗活动和文化传承，如脐橙节、脐橙文化展览等，可以让游客更加深入地了解赣南脐橙的文化内涵。

图1-5　赣南脐橙

（四）风土人情

通过展示资料、讲解、讨论等方式，让学生了解家乡的民俗风情和生活习惯等方面。可以邀请一些当地的居民或旅游专家进行讲解，增加知识的实用性和趣味性。

江西的风土人情丰富多彩，具有深厚的历史文化底蕴。

（1）百越人风俗：江西在新石器时代就居住着很多百越族，百越之所以叫百越是因为有很多个支系。后来百越族不断分化并与汉族人民融合，留下了丰富多样的风俗文化。

（2）客家魅力：客家人迫于战乱等原因，举家南迁，历经千辛万苦，不忘祖先。对客家人来说，祖先是其骄傲。客家人在艰难的南迁中，挖出祖宗骸骨，带在身边随同一起南迁。客家人聚集而居，他们的土楼、围屋，至今还有很多依然保存完好。

（3）景德镇瓷俗：江西景德镇以精美瓷器享誉全球，素有"世界瓷都"之称。景德镇有400多个行帮，最大为徽帮、都帮、杂帮三大帮。除此之外还有一个"三窑九会"，它是历史上最长的行帮。

此外，江西还有一些独特的文化现象和民俗活动。例如，南丰、婺源、乐安、萍乡等地的民间傩舞流传至今，被誉为中国古代舞蹈艺术的活化石。弋阳青阳腔、江西采茶戏等地方戏曲脍炙人口。鄱阳湖畔的渔村风情、泸溪河上古越族崖墓悬棺葬俗和鸬鹚捕鱼、樟树镇的"药墟"、南昌绳金塔和西山万寿宫的庙会、文港笔市、赣南兴国山歌赛会等都具有极高的观赏和参与价值。

总的来说，江西的风土人情丰富多样，既有深厚的传统文化底蕴，又有独特的地域特色和民俗风情。这些文化和风情不仅丰富了江西人民的生活，也为世界各地游客提供了独特的旅游体验。

（五）讨论分享

俗话说："一方水土养一方人。"通过小组讨论或自由发言等方式，让学生分享自己对家乡的认识和理解，以及自己对家乡的感受和看法。

活动结束

回顾总结：教师进行总结点评，回顾本次班会的主要内容和目标，强调家乡的独特魅力和可爱之处，肯定学生的参与和表现。

布置作业：以"我的家乡"为题，写一首小诗或制作一张手抄报。

二、坚信仰

主题班会4：红色家书的故事

活动目标

（1）通过阅读红色家书，了解革命先烈们的英勇事迹和崇高精神。
（2）培养学生的爱国主义情感和民族自豪感，激发他们的学习热情和斗志。
（3）引导学生理解红色家书背后的故事和内涵，领悟革命先烈们的信仰和追求。

活动准备

（1）利用互联网，查找关于红色家书的资料和图片。
（2）准备革命先烈的图片和视频资料。
（3）提前通知学生，让他们有足够的时间去了解相关的知识和内容。

活动过程

（一）开场白

在班会开始之前，主持人介绍本次班会的主题和目的，引导学生进入主题。

主持人开场白示例

尊敬的老师，亲爱的同学们：

大家好！

今天我们聚集在这里，共同开展一次特别的主题班会——红色家书的故事。红色家书，是一段段跨越时空的情感传递，是革命先烈们用生命和信仰书写的忠诚与信仰。通过这些红色家书，我们可以深入了解那个特殊时期的英雄们，感受他们的英勇无畏、坚定信仰和无私奉献。

在接下来的时间里,我们将一起聆听这些红色家书背后的故事,感受那份对理想、对信仰、对国家的深情厚意。让我们一同走进那个特殊的时代,与英雄们同呼吸、共命运,共同感受那份崇高的精神力量。

现在,让我们一起开始这次红色家书之旅吧!

(二)阅读家书

我们今天的幸福生活,是无数革命英烈用鲜血和生命换回来的。通过阅读关于红色家书的经典篇章,让学生了解革命先烈们的思想和信仰。

黄继光致母亲:在战斗中为人民服务,不立功不下战场!

黄继光,1931年生于四川中江。1951年,他参加了中国人民志愿军。在党组织的培养下,他努力学政治、学军事、学文化,进步很快。

1952年10月,在抗美援朝上甘岭战役中,黄继光挺身而出,请求担负爆破任务。为了战斗的胜利,他顽强地向火力点爬去,靠近地堡射孔时奋力扑上去,用自己的胸膛,死死地堵住了敌人的枪眼,壮烈捐躯,年仅21岁。

(三)观看视频

播放电影《特级英雄黄继光》,让学生更直观地感受黄继光的英勇事迹和崇高精神。

(四)讨论分享

在革命先烈写给父母的红色家书中,蕴藏着很多感人故事,既有他们对父母的深情,更展现了共产党人的理想信念。通过小组讨论、自由发言等方式进行,让学生分享自己对于红色家书和革命先烈们的认识和理解,以及自己对于国家和民族的感受和看法。

活动结束

回顾总结:教师进行总结点评,回顾本次班会的主要内容和目标,强调红色家书的重要性和意义，肯定学生的参与和表现。

布置作业：利用互联网，查找其他红色家书，然后小组分享、讨论。

主题班会 5：舍小家，为大家

活动目标

（1）理解"舍小家，为大家"的意义和价值。
（2）培养学生的集体主义精神和爱国主义情感。
（3）引导学生了解社会建设和国家发展的重要性，以及个人对于社会的责任和使命。

活动准备

（1）准备关于"舍小家，为大家"的资料和案例，如边防战士的光荣事迹等。
（2）准备关于社会建设和国家发展的图片和视频资料，如重大工程建设等。

活动过程

（一）开场白

在班会开始之前，主持人先介绍本次班会的主题和目的，引导学生进入主题。

主持人开场白示例

尊敬的老师，亲爱的同学们：

大家好！

今天我们聚集在这里，共同开展一次主题班会——舍小家，为大家。这是一个关于奉献、关于责任、关于大爱的主题。

在这个世界上，有些东西是无法用金钱来衡量的，比如爱，比如责任。在我们的周围，总有一些人，他们为了更大的家，为了更多的人，而舍弃了自己的小家。他们用自己的行动诠释着"舍小家，为大家"的精神。

今天，我们希望通过这次班会，让同学们更加深入地理解"舍小家，为大家"的意义，感受这种精神的力量。让我们一起走进那些"舍小家，为大家"的人们的生活，了解他们的故事，学习他们的精神。

现在，让我们一起开始这次班会吧！

（二）"舍小家，为大家"的含义

党的二十大报告指出："提高全社会文明程度。实施公民道德建设工程，弘扬中华传统美德，加强家庭家教家风建设，加强和改进未成年人思想道德建设，推动明大德、守公德、严私德，提高人民道德水准和文明素养。"家庭在国家发展、民族进步、社会和谐中起着基点作用。

"舍小家，为大家"体现了为维护集体利益、国家利益，牺牲个人利益的无私奉献，是爱国的情怀。舍弃小部分，而顾全大局，难能可贵的是为了大家利益，舍弃自己的利益。

"舍小家，为大家"的叶昌付

叶昌付是虹口区江湾消防救援站的一名基层消防员，也是虹口消防唯一一名一级消防长。入职26年来，他先后参与灭火救援战斗10 000余次，营救遇险群众600余人，荣立个人三等功3次、嘉奖11次，被应急管理部消防救援局评为"训练标兵"，被上海消防总队评为"优秀共产党员"。

作为一名消防老兵，叶昌付始终扎根灭火救援一线，勇当灭火救援尖兵，参与处置了众多急难险重任务，为保卫经济社会发展与人民生命财产安全做出了突出贡献。

江湾站辖区老式居民小区密集，老龄人口多，火灾风险大。为了提高辖区群众的消防安全意识，每到月底，叶昌付都会定期联系社区开展消防安全宣传、消防实战演练、消防隐患排查等活动。在他的努力下，近年来，江湾站辖区均未发生重大亡人火灾事故，工作实绩得到了人民群众的一致肯定，叶昌付也被江湾镇街道评为"江湾好人"。

叶昌付远在上海保家卫国，他的妻子赵朝霞作为一名军嫂，则在安徽老家独自承担起照顾老人、抚养孩子的重任。2018年，为了支持叶昌付继续留队工作，赵朝霞毅然

二、坚信仰

选择随军，带着孩子来到上海，在消防站附近的酒店找了一份工作。她一边工作，一边照顾孩子的生活学习，为的是让丈夫叶昌付能全身心地投入工作。

在消防队工作，叶昌付每年能够陪伴儿子的时间不多，儿子叶兆阳对父亲的常年不着家也有过不解与抱怨，"为什么别人的爸爸都可以周末带孩子出去游玩，我的爸爸却常年只能在手机屏幕里"。为此，每到寒暑假叶昌付都会将儿子接到消防队，让他亲身体验父亲的工作环境。当儿子到消防队第一次看到父亲接警登车出动后，他对父亲的工作也有了更深的理解："爸爸不回家，是为了更多的人可以平安回家，长大以后，我也要做一名消防员！"

"家是最小国，国是千万家"，叶昌付为了更多人家的平安，牺牲个人小家的团聚，他用自己的实际行动，书写了一名消防队员爱国敬业的家国情怀。

（三）观看视频

播放关于社会建设和国家发展的纪录片或视频资料，让学生更直观地感受"舍小家，为大家"的真正意义和价值。

（四）讨论分享

在"大家"与"小家"的抉择中，很多人义无反顾，舍小家为大家，以实际行动诠释着自己的责任和担当。通过小组讨论、自由发言等方式，让学生分享自己对于社会建设和国家发展的认识和理解，以及自己对于"舍小家，为大家"的思考和感悟。

活动结束

回顾总结：教师进行总结点评，回顾本次班会的主要内容和目标，强调"舍小家，为大家"的重要性和意义，肯定学生的参与和表现。

布置作业：平凡的人也可以有不平凡的故事。以"舍小家，为大家"为题，写一篇小作文，300字左右。

模块一　爱国信仰篇

主题班会 6：用生命谱写青春之歌——黄文秀

活动目标

（1）了解黄文秀的先进事迹和优秀品质。
（2）培养学生的爱国主义情感和社会责任感。
（3）引导学生树立正确的人生观和价值观，激励他们为实现中国梦贡献力量。

活动准备

（1）准备关于黄文秀先进事迹的相关资料和图片，包括她在脱贫攻坚第一线的奉献和牺牲。
（2）邀请一些学生提前了解黄文秀的事迹，准备在班会上分享自己的感受和体会。

活动过程

（一）开场白

在班会开始之前，主持人介绍本次班会的主题和目的，引导学生进入主题。

主持人开场白示例

尊敬的老师，亲爱的同学们：
大家好！

今天我们聚集在这里，共同开展一次主题班会，用生命谱写青春之歌——黄文秀。黄文秀，不仅是一个名字，一段故事，一种精神。她也是我们时代的楷模，是我们学习的榜样。

黄文秀，一个来自广西贫困山区的姑娘，却用自己的行动诠释了"为人民服务"的信念。她毅然回到家乡，投身脱贫攻坚事业。今天，我们将从黄文秀的故事说起，感受她那种坚定的信念、无私的奉献和大爱的精神。让我们一起走进她的世界，了解她的故事，学习她的精神。

2. 黄文秀事迹介绍

黄文秀是广西壮族自治区百色田阳县人，父母都是靠着田地生活的农民。由于常年在外劳作，身上留下了许多暗伤，身体不是很好。

黄文秀是个女孩，家中穷困。原本像她这样的孩子是没有接受教育的机会的。然而黄文秀却十分争气，成绩在校内一直名列前茅。家中便抱着尽量供养的想法支持她上学，但农民们都是靠天吃饭，即便能够靠着零工挣几个钱，收入也并不稳定。在黄文秀上高中时，她就曾因家庭贫困多次濒临退学。为了让她完成学业，国家教育部门给予了补贴，也给了黄文秀一个希望。

这对贫困的黄文秀家庭来说，是一汪及时的甘霖。黄父、黄母也因此多次教育黄文秀："国家帮我们不是理所应当的。我们得到了帮助，就应该心怀感恩。"

投我以木桃，报之以琼瑶。黄文秀自那时起，她就下定决心发愤图强，成才后报效国家。

有了坚定的目标和信念，黄文秀在之后的几年内，靠着自己的努力，成为那只大山里飞出的"金凤凰"。

2008年，黄文秀考入了山西长治学院。

2013年，黄文秀考入北京师范大学哲学系，在读博士期间，黄文秀每月都能够拿到一定的补助资金。原本贫困的家庭，也在国家扶贫工作如火如荼地进行下有了新的发展。

2016年，黄文秀从北京师范大学毕业，获得法学博士学位。黄文秀在毕业的那一刻，就已经打算好了未来的方向。她知道，自己即将走上的道路虽然艰难，但正确且光荣。

在黄文秀以优异的成绩毕业后，有许多高企和国企都对她抛出了橄榄枝。这些工作月入过万，轻松、稳定、体面，绝对是全天下所有父母们最喜欢的那些工作。可以说，选择了它们那就是光宗耀祖。自此脱离贫困，定居大城市。

然而，这样好的条件，黄文秀看都没看一眼。她毅然拒绝了这些抛来的橄榄枝，而是向组织提出了一个让所有人都没有想到的提议：我要回到家乡广西百色，在基层参与建设祖国。

这个决定，几乎惊呆了黄文秀的所有同学、老师。但黄文秀却没有给他们劝阻自己的机会，接到组织的分配通知后，她只带了几身常穿的衣物便奔赴贫困的家乡。

一开始,黄文秀被组织分配到了市委宣传部门,这里的工作并不繁重,甚至可以说是一份轻松的闲职。然而黄文秀在来到宣传部干了一段时间后就发现,这份工作并不能改变家乡贫困的现状。

怀着满腔的理想和抱负,黄文秀做出了一个大胆的行为。

她来到组织提交了辞职申请,并毛遂自荐,向组织表示自己要到百色市乐业县新化镇百坭村担任第一书记一职。

"村第一书记"这一职位虽说听着威风,却是一份苦差事。首先,当村书记的必须是知识分子。懂知识、懂管理,其次,薪水低,还有严苛的扶贫标准。

刚到百坭村的时候,黄文秀每天忙前忙后,一边帮助贫困家庭申请各种各样的补助,一边研究如何才能彻底帮助村民们脱贫。明明是双休的工作,黄文秀却采用了"5+2"模式,很少休息,有时候开会还会开到凌晨。

她说:扶贫路漫漫,像一条长达两万五千公里的"长征"。

期间必定会有许多困难险阻,而黄文秀遇到的最困难的阻力,正是"创收"。因为百坭村背靠山林,土地条件不利于粮食生长。当地的农民们只能另辟蹊径,有的种树,有的则在山上种植了许多砂糖橘,期望能够有所收获。然而,由于种植技术不行,树木长期营养不良,而砂糖橘的味道非但不甘甜,还总是有一股涩涩的味道,根本就卖不出去。

为了找出种植失败的因素,黄文秀不辞辛苦,先是通过外出考察学习的方式了解到可能影响种植的因素,还专门请技术专家到现场指导带头示范种植,教大家怎么修建、管理,确保砂糖桔的种植技术和品质。

为了解决砂糖橘的问题,黄文秀还找到百色一家公司帮助农民建立起标准花果园,还请专家到百坭村田地中检查、指导农民种植技巧。经过技术指导,村民们的种植技术果然有了飞一般的提升。到了成熟的季节,家家户户尝了砂糖橘的味道后,脸上都挂着真情实意的笑容。

仅仅一年的时间,村民们的林场就发展到了两万亩,砂糖橘产量也突破了预期。然而,农作物有了,销路又成了困扰农民们的难题。

都说"要想富,先修路。"百坭村偏偏穷山恶水,地处偏远。即便是联络了收果的商贩,对方也不屑于跑这么一趟。就在农民们看着摘下来的果子发愁的时候,黄文秀再一次站了出来。

她说:"有问题就解决问题。问题是死的,人是活的。"

既然要路,那就修。

二、坚信仰

她磨破了嘴皮子，总算是从领导那边要来了一笔拨款，随后又联系工程队风风火火地开始修路。等修完了路，黄文秀还不放心，帮助农民们联络了云南、贵州等地的几个大品牌的果商，还说好了长期供果。此外，黄文秀的母校长治学院还与百坭村建立了合作关系，通过消费助农兴浓活动，帮助销售砂糖桔。

仅仅是这一次的"砂糖橘"行动，就帮助全村销售了砂糖橘4万多斤，帮助30多户贫困果农创收、脱贫。

到2018年，黄文秀所在的百坭村已经实现共计88户农民脱贫，致贫率从22.88%降至2.71%，这背后，是黄文秀在无数个夜晚伏在工作桌前奋笔疾书，也是她长达两年的辛勤劳作。

朋友和同事们从一开始的不理解，渐渐转化为对黄文秀的钦佩和支持。而受到帮助的百坭村村民，更是将黄文秀当成了如同家人一般亲密无间的存在。他们都相信：在黄书记的努力下，他们村的每一个人都将获得幸福、快乐的生活。

然而，一场灾难的到来，彻底刺痛了村民们的心脏。

2019年6月中旬，一场暴雨冲塌了百坭村村民们的灌溉渠，这将深度影响村民们的播种。黄文秀看在眼里，急在心里。夜里更是辗转反侧，天刚亮，她就冲出了家门来到农民的田地里，估算着要花多少钱才能将灌溉渠修好。

2019年6月16日这天是周日，也是父亲节。黄文秀的父亲刚做完手术，她趁着周末回去看望父亲，并给父亲送药。在市里看望父亲后，为了尽快解决村里的水渠问题，以及赶上第二天一早的扶贫工作会议，当天傍晚，黄文秀决定自己开车回村里。就在她出发后不久，淅淅沥沥的小雨渐渐大了起来。在途经凌云县时，又因暴雨引发山洪，黄文秀一时进退两难。在向家庭群里发了最后一条信息后，黄文秀失去了联系。

直到6月18日上午的11点多，救援人员才在下游河道发现一具遗体，经过指纹比对，正是黄文秀。这一天，距离她的30岁生日，刚刚过去两个月。消息传来，百坭村的村民们悲痛万分。

2021年2月25日全国脱贫攻坚总结表彰大会上，黄文秀荣获全国脱贫攻坚楷模称号，2021年6月29日，中共中央授予黄文秀"七一勋章"。

全国好人、年度感动人物，一道道荣誉迟来地与这个名字捆绑在一起。

（三）观看视频

播放关于黄文秀事迹的纪录片或宣传片，让学生更直观地感受她的奉献精神和牺牲精神。

（四）讨论分享

通过小组讨论、自由发言等方式，让学生分享自己对于黄文秀事迹的思考和感悟，以及自己对于社会建设和国家发展的认识和理解。

活动结束

回顾总结：教师进行总结点评，回顾本次班会的主要内容和目标，肯定学生的参与和表现，鼓励大家向黄文秀学习，树立正确的人生观和价值观，为实现中国梦贡献力量。

布置作业：观看电视剧《大山的女儿》，写一篇300字左右的观后感。

三、思报国

主题班会 7：爱党为民

活动目标

（1）了解党的历史和宗旨，认识党的重要性。
（2）理解"爱党为民"的内涵和价值。
（3）培养学生的爱国主义情感和社会责任感，激励他们为建设美好祖国贡献力量。

活动准备

（1）准备关于党的历史和宗旨的相关资料，介绍党的光辉历程和为人民服务的理念。
（2）准备关于爱党为民的案例和人物故事，展示党的人民公仆形象和为人民服务的宗旨。
（3）邀请一些学生提前了解党的历史和宗旨，准备在班会上分享自己的感受和体会。

活动过程

（一）开场白

在班会开始之前，主持人先介绍本次班会的主题和目的，引导学生进入主题。

主持人开场白示例

尊敬的老师，亲爱的同学们：

大家好！

今天我们聚集在这里，共同开展一次主题班会——爱党为民。这是一个关于信仰、关于责任、关于奉献的主题。

爱党为民，是每一个共产党员的初心和使命。这个初心和使命，是我们在革命年代就确立的，是我们在建设和发展社会主义事业中始终坚持的。

今天，我们希望通过这次班会，让同学们更加深入地理解爱党为民的意义，感受这种精神的力量。让我们一起走进那些爱党为民的人们的生活，了解他们的故事，学习他们的精神。

（二）历史回顾

通过展示图片、讲解、讨论等方式，让学生了解党的光辉历程和为人民服务的理念，了解党的重要性和为人民服务的宗旨。

（三）分组演讲

将学生分为几个小组，每组合作完成一篇演讲稿，并选一名学生代表进行演讲。

优秀演讲稿展示

尊敬的各位领导、各位老师，亲爱的同学们：

大家好！我是××。很荣幸也很激动今天能站在这里演讲。

一次偶然的机会，让我走进神往已久的天下第一山——井冈山。也许她没有泰山的气势恢宏，没有庐山的风景俊秀，没有峨眉的清新无暇。可是当你走进她的时候，你就会在不知不觉中被她那段火红的历史而感染，就会被她那鲜血染红的山脉而征服。

今年是井冈山革命根据地创建××周年纪念年。井冈山既是中国红军的故乡，又是中国革命的摇篮；既是中国红色政权的源头，又是中国革命的发祥地。在艰苦卓绝的井冈山斗争中，毛泽东等一代伟人文韬武略，革命志士赤胆忠诚，他们以鲜血、以生命诠释着一种极其宝贵的精神——井冈山精神。这种宝贵的精神后来成为长征精神、延安精神、西柏坡精神等中国革命精神的历史源头。

雄伟的井冈山，连着中国共产党辉煌的历史；永远的井冈山，写满了中国人民的光荣与梦想。井冈山不愧为"天下第一山"，她有着其她名山大川所没有的"红"：红，是八万先烈用鲜血换来的自由与幸福；红，是在险峻环境中开创出的第一个革命根据地；更红的是用鲜血和生命锻造出来的革命精神；她还有着无可比拟的"绿"：绿在黄洋界的奇峰险石，绿在五龙潭的怡人山水、在彩虹瀑的雄伟壮丽，更绿在历经敌人的刀与火，而依然挺拔的青青翠竹和永伴烈士们的苍劲松柏。红，是井冈的召唤，是先烈对我们的召唤；绿，是井冈的希望，是祖国对我们年轻一代的希望。

在井冈山上的红色之旅，每一个脚步似乎都承载了烈士们的记忆，每一个动作都昭示着历史对我们的寄语，每一种声音都是一种无可比拟的红色文化对我们的召唤。

在那个血与火的年代，革命先烈在解放事业中凭着一股勇气一身热血，为国家杀出一条血路，在黑暗面前没有半点的退缩，勇往直前。他们用鲜血染红大地，用生命换来光明，用对祖国的热爱、对事业的追求、对天下的情怀，无私地奋斗着。

作为新一代的青年学子，我们要缅怀他们的英雄事迹，继承他们的革命传统，学习他们的优良品德。我们要用他们的信念鼓舞自己前行，用他们的精神鞭笞自己成才，用他们的爱国热情点燃自己的报国之志。

作为改革开放大潮中的一代青年学子，我们要更加珍惜今天来之不易的和平生活，勤于思考、善于创造、甘于奉献，用满腔热情投入到伟大祖国的建设事业中来。

作为一名外语专业的学生，接受爱国主义教育尤为重要。在与外国人交往中，我们要不卑不亢、有礼有节。我们要抓住机遇，努力学好专业知识，把五千年的华夏文明进一步推向世界，让世界人民了解中国、了解更多的中华文化，让我们伟大的祖国屹立于世界强国之列。

同学们，在不久的将来，我们都将成为社会主义的接班人。成为合格的接班人，就是在任何时候都要胸怀宽广、志存高远，坚定理想信念，把个人的理想追求同国家民族的前途命运紧密联系在一起；就是要刻苦学习，勇于实践，不辜负先烈和人民对青年的重托，努力实现人生价值；就是要知荣明辱，奋发有为，与祖国共奋进，与时代齐发展。

同学们，今天我们在这里，参加这样一次爱国主义教育演讲比赛，让我们一起来回顾历史，缅怀先烈。牢记党和人民的重托，努力成为"四个新一代"的有为青年，自觉担负起振兴中华和创建"和谐社会"的时代重任，用我们的无悔青春去铸造新时代的不朽丰碑！

谢谢大家！

（四）观看视频

播放纪录片《领航》，让学生更直观地感受党的为人民服务精神和为人民谋幸福的初心。

（五）讨论分享

通过小组讨论、自由发言等方式，让学生分享自己对于爱党为民的思考和感悟，以及自己对于党和人民的深厚感情和责任担当。

活动结束

回顾总结：教师进行总结点评，回顾本次班会的主要内容和目标，强调爱党为民的重要性和意义。肯定学生的参与和表现，鼓励学生树立为人民服务的理想信念，为建设美好祖国贡献力量。

布置作业：展示演讲稿，并进行评比。

主题班会 8：爱国奉献

活动目标

（1）理解爱国奉献的内涵和价值。

（2）了解爱国奉献的体现方式。

（3）培养学生的爱国主义精神和社会责任感，激励他们为社会进步和发展贡献力量。

活动准备

（1）利用互联网查找关于爱国奉献的资料和图片，包括为国家富强、民族振兴、人民幸福而奋斗的英雄人物及其事迹。

（2）准备关于现代优秀人才的案例视频资料，展示他们在科技创新、文化传承、社会公益等方面的突出表现。

（3）邀请一些学生提前了解关于爱国奉献的相关知识，准备在班会上分享自己的感受和体会。

活动过程

（一）开场白

在班会开始之前，主持人先介绍本次班会的主题和目的，引导学生进入主题。

主持人开场白示例

尊敬的老师，亲爱的同学们：

大家好！

今天，我们聚集在这里，召开一次主题班会——爱国奉献。爱国是每个公民应尽的义务，也是我们中华儿女的骄傲。在我们的成长过程中，我们要始终保持对祖国的热爱和奉献精神。

"爱国奉献"是一种高尚的情操和品质。它代表着我们为了祖国的繁荣和人民的幸福而奋斗的决心和信念。只有拥有爱国奉献精神，我们才能为祖国的未来发展贡献自己的力量。

今天，让我们一起在这个主题班会中，深入探讨爱国奉献的内涵和意义，学习如何在实际行动中践行爱国奉献精神。让我们一起分享我们的思考和感悟，一起为祖国的繁荣和人民的幸福而努力奋斗。

现在，让我们开始今天的主题班会吧！

（二）爱国奉献的含义

爱国奉献是指个人在国家和民族的需要面前，以实际行动和个人努力为国家和民族的发展和繁荣尽力而为。它包含着对祖国的深情厚意和对国家利益的忠诚热爱，在国家和民族需要的关键时刻，毫不犹豫地为国家和民族的利益付出代价。爱国奉献是中华民族的传统美德，是实现国家富强、民族振兴、人民幸福的重要力量。

（三）现代优秀人才展示

播放关于现代优秀人才的案例和视频资料，让学生了解为国家富强、民族振兴、人民幸福而奋斗的英雄人物和事迹，让学生更直观地感受他们在科技创新、文化传承、社会公益等方面的突出表现，进一步了解爱国奉献的现代意义。

袁隆平：用毕生精力造福世界人民

袁隆平，1930年9月出生于北京，是中国工程院院士、"共和国勋章"获得者，被誉为"杂交水稻之父"。

1953年，从西南农学院（现西南大学）遗传育种专业毕业后，袁隆平被分配到湖南安江农校工作。"作为新中国培育出来的第一代学农大学生，我下定决心要解决粮食增产问题，不让老百姓挨饿。"

1956年，袁隆平带着学生们开始了农学实验。几年时间，袁隆平发现水稻中有一些杂交组合有优势，并认定这是提高水稻产量的重要途径。1966年，袁隆平发表了论文《水稻的雄性不孕性》，拉开了中国杂交水稻研究的序幕。1973年，在第二次全国杂交水稻科研协作会上，袁隆平正式宣布籼型杂交水稻三系配套成功，水稻杂交优势利用研究取得了重大突破。

1981年，国务院将"国家技术发明特等奖"授予以袁隆平为代表的全国籼型杂交水稻科研协作组。5年后，袁隆平正式提出杂交水稻育种战略：由三系法到两系法，再到一系法，即在程序上朝着由繁到简但效率更高的方向发展。经过9年努力，两系法获得成功，它保证了我国在杂交水稻研究领域的世界领先地位。1996年，农业部正式立项超级稻育种计划。4年后，第一期每亩700公斤目标实现。随后便是2004年800公斤、2011年900公斤、2014年1000公斤的"三连跳"。

1979年4月，在杂交水稻国际学术会议上，袁隆平宣读了自己的论文《中国杂交水稻育种》，中国第一次将杂交水稻研究的成功经验传递给世界。他著于1985年的《杂交水稻简明教程》，经联合国粮农组织出版后，发行到40多个国家，成为全世界杂交水稻研究和生产的指导用书。因为"为保障世界粮食安全和解除贫困展示了广阔前景"，并"致力于将杂交水稻技术传授并应用到包括美国在内的世界几十个国家"，2004年，袁隆平获得了世界粮食奖。

袁隆平说："发展杂交水稻，造福世界人民，是我毕生的追求和梦想。"如今，最新育成的第三代杂交稻叁优一号，2020年作双季晚稻种植平均亩产达911.7公斤，加上第二代杂交早稻亩产619.06公斤，全年亩产达1 530.76公斤，实现了周年亩产稻谷3 000斤的攻关目标……

2021年5月22日13时07分，袁隆平因病在长沙逝世，享年91岁。一生奉献付出化作一缕稻花香，他的丰功伟绩将永远镌刻在中国人民的心中。

（四）讨论分享

通过小组讨论或自由发言等方式，让学生分享自己对于爱国奉献的思考和感悟，以及自己对于爱国主义精神和社会责任的认识和理解。

活动结束

回顾总结：教师进行总结点评，回顾本次班会的主要内容和目标，强调爱国奉献的重要性和意义，肯定学生的参与和表现，号召大家树立爱国主义精神和社会责任感，为社会进步和发展贡献力量。

布置作业：利用互联网，查找拥有爱国奉献精神的榜样。

主题班会 9：畅想 2049

活动目标

（1）激发学生的想象力和创造力。
（2）培养学生的前瞻性和大局意识。
（3）引导学生关注国家和社会的未来发展，树立远大理想和责任意识。

活动准备

（1）利用互联网，查找关于未来科技、社会趋势、政策走向等方面的资料和图片，以引导学生展开想象。
（2）邀请一些学生提前了解国家和社会在 2049 年的发展目标和发展方向，准备在班会上分享自己的理解和设想。
（3）设计一些与主题相关的讨论话题和互动游戏，以激发学生的思维和兴趣。

活动过程

（一）开场白

在班会开始之前，主持人先介绍本次班会的主题和目的，引导学生进入主题。

主持人开场白示例

尊敬的老师，亲爱的同学们：

大家好！

今天我们聚集在这里，共同开展一次主题班会——畅想2049。这是一个充满期待和想象的未来展望，也是我们共同为之努力的目标。

2049 年，是我们伟大祖国的百年华诞，也是我们实现中华民族伟大复兴的关键时刻。在这个时刻，我们不禁要思考：我们能为这个伟大的国家做些什么？我们能为祖国的发展贡献什么力量？

三、思报国

今天，我们将一起畅想2049年的美好未来，共同探讨如何为实现这个目标贡献自己的力量。让我们一起展望未来，一起为实现中华民族伟大复兴的中国梦而努力奋斗！

现在，让我们一起开始这次班会吧！

（二）解读2049

2049年对于国家和社会的意义重大。这一年是中国实现第二个百年奋斗目标的时间节点，也是全面建设社会主义现代化国家的关键时期。在这个时期，中国将实现从全面建设社会主义现代化国家到基本实现社会主义现代化的历史性跨越，为全面建成社会主义现代化强国奠定坚实基础。

对国家而言，2049年标志着中国在实现现代化进程中的重要里程碑。在这一年，中国将完成全面建设社会主义现代化国家的目标，经济、政治、文化、社会和生态文明等各个领域都将取得显著进展。中国的国际地位和影响力也将得到进一步提升，成为世界强国之一。

对社会而言，2049年将是一个重要的转折点。在这一年，中国将实现从高速增长阶段向高质量发展阶段的转变，经济结构将更加合理，创新能力将进一步增强。同时，随着社会主要矛盾的解决，人民生活水平将得到显著提高，社会公平正义将得到更好保障。

总之，2049年对国家和社会的意义在于它将标志着中国实现现代化进程中的重要里程碑，全面建设社会主义现代化国家的基础更坚实，我国也将为世界和平与发展做出更大贡献。

（三）畅想未来

展示关于未来科技、社会趋势、政策走向等方面的资料和图片，让学生展开想象，设想2049年的生活、工作、学习等方面会有哪些变化和发展。引导学生关注国家和社会的未来发展，树立远大理想和责任意识。图1-6所示为未来概念海报。

图1-6　未来概念海报

（四）分组讨论

将学生分成若干小组，让他们围绕不同的讨论话题展开讨论，例如，未来城市的建设、教育改革的方向、科技创新的重点等。让学生在讨论中深入思考未来的发展和自己的责任。

（五）互动游戏

设计一些与主题相关的互动游戏。例如，角色扮演游戏，让学生模拟2049年的生活场景；拼图游戏，让学生拼凑出自己心目中的未来城市等。通过游戏激发学生的创造力和想象力。

活动结束

回顾总结：教师进行总结点评，回顾本次班会的主要内容和目标，肯定学生的想象力和创造力，鼓励他们关注国家和社会的未来发展，激励他们树立远大理想和责任意识。同时也要引导学生认识到实现这些设想需要付出努力和汗水，需要坚持不懈地学习和实践。

布置作业：以"畅想2049"为题，写一篇300字左右的小作文。

品德修养篇　模块二

"凡建立功业，以立品德为始基。从来有学问而能担当大事业者，无不先从品行上立定脚跟。"品德是一个人的道德品质和道德修养的体现。它包括一个人的道德观念、道德情感、道德行为等多个方面。品德是个人素质的重要组成部分，也是社会评价一个人价值的重要标准之一。

品德的培养需要从小开始，通过家庭、学校、社会等多方面的教育和影响，逐渐形成良好的道德观念和行为习惯。同时，品德的培养也需要不断地自我反省和提升，通过不断地学习和实践，逐渐提高自己的道德修养和道德水平。

在品德培养中，我们应该注重以下几个方面：

（1）树立正确的道德观念：我们应该明确什么是正确的、什么是错误的，树立正确的道德观念和价值观念。

（2）培养良好的道德情感：我们应该注重培养自己的道德情感，包括爱、同情、正义感等，使自己能够真正地关心他人、尊重他人、帮助他人。

（3）形成良好的道德行为习惯：我们应该注重培养自己的道德行为习惯，包括诚实守信、尊重他人、遵守社会公德等，使自己能够真正地做到言行一致、表里如一。

（4）不断自我反省和提升：我们应该不断地反省自己的行为和言论，发现自己的不足之处，及时改正，不断提高自己的道德修养和道德水平。

一、守规矩

主题班会 10：孝顺父母

活动目标

（1）理解孝顺父母的内涵和价值。
（2）了解孝顺父母的体现方式。
（3）培养学生的感恩心态和敬老意识，激励他们尽孝道、传承家庭美德。

活动准备

（1）利用互联网，查找关于孝顺父母的资料和图片，包括孝顺父母的传统美德、现代社会中的孝顺行为等。
（2）邀请一些学生在班会上分享自己的感受和体会。
（3）设计一些互动环节，如亲情游戏、角色扮演等，以增强学生的情感体验。

活动过程

（一）开场白

在班会开始之前，主持人先介绍本次班会的主题和目的，引导学生进入主题。

主持人开场白示例

尊敬的老师，亲爱的同学们：

大家好！

今天我们聚集在这里，共同开展今天的主题班会——孝顺父母。孝顺父母是我们中华民族的传统美德，也是我们每个人应该具备的基本素质。

一、守规矩

父母是我们生命中最重要的人，他们为我们付出了很多，为我们提供了生命和成长的环境。他们用自己的辛勤劳动和无私奉献为我们创造了美好的生活。因此，我们应该时刻铭记父母的恩情，孝顺父母，回报他们的养育之恩。

孝顺父母不仅仅是一种道德行为，更是一种家庭责任和社会责任。我们应该尊重父母的意愿，关心他们的生活，为他们提供必要的帮助和支持。同时，我们也应该尽自己所能，为父母做力所能及的事情，让他们感受到我们的关爱和温暖。

在孝顺父母的过程中，我们也要注重自己的成长和发展。只有通过不断学习和努力，才能更好地为父母和社会做出贡献。同时，我们也要注重与父母的沟通和交流，了解他们的需求和期望，为他们提供更好的服务和支持。

最后，让我们一起发出倡议：让我们从现在开始，用自己的实际行动来孝顺父母，回报他们的养育之恩。让我们一起努力，为构建和谐家庭、和谐社会做出贡献！

（二）历史传承

孝顺父母是中华民族的传统美德，有着悠久的历史和文化传承。

扇枕温衾。东汉时期，黄香用扇子把凉席扇凉，然后让父亲睡在凉席上；冬天时，他先睡在父亲的被窝里，等被窝热了之后，再让父亲入睡。

卧冰求鲤。晋朝时期，王祥为了给继母治病，赤身躺在冰上，等冰化了之后，从冰窟窿里抓起了两条鲤鱼。

亲尝汤药。西汉时期的刘恒是汉高祖刘邦的儿子，他以孝闻名。他的母亲薄氏卧病三年，刘恒亲自照顾，每次母亲喝药，他都自己先尝一尝，看看药是否烫嘴，然后才喂给母亲喝。

（三）孝顺父母的具体做法

（1）尊重父母：无论父母的想法、观点与我们有多大差异，我们都应尊重他们的选择和决定。即使我们不能理解，也不应对他们的观点进行贬低或嘲笑。

（2）关心父母：我们要时刻关注父母的生活状况，了解他们的需求和困难，并及时提供帮助和支持。我们可以定期与父母通话，询问他们的身体状况和生活情况，让他们感受到我们的关心和爱。

（3）陪伴父母：陪伴是最长情的告白。我们应该尽可能多地陪伴父母，与他们共度时光，让他们感受到我们的存在和温暖。无论是回家看望父母，还是带他们出去旅游，都是一种很好的陪伴方式。

（4）照顾父母：当父母年老体弱时，我们需要承担起照顾他们的责任。这包括帮助他们料理家务、照顾饮食起居等。我们要用耐心和细心去照顾父母，让他们感受到我们的关爱和责任。

（5）满足父母：我们应该尽可能满足父母的心愿和需求。如果父母喜欢某样东西，我们可以买给他们；如果父母想去某个地方，我们可以带他们去。我们要让父母感受到我们的孝心和关爱。

现代榜样

邹尊喜背父上学：为了老人的幸福，他不怕累、不怕脏、不怕苦，对老人不离不弃。

罗永全：有30年如一日的敬老爱老宣讲员之称，他以实际行动实践敬老爱老，让敬老爱老的美德传递在身边。

（四）互动游戏

设计一些亲情游戏和角色扮演环节，让学生通过互动体验亲情和孝顺的重要性。例如，"我为父母做件事"游戏，让学生为父母做一件实事，感受孝顺的行为实践。

（五）讨论分享

通过小组讨论、自由发言等方式，让学生分享自己对于孝顺父母的思考和感悟，以及自己对于尽孝道、传承家庭美德的认识和理解。

活动结束

回顾总结：教师进行总结点评，回顾本次班会的主要内容和目标，强调孝顺父母的重要性和意义。教师要肯定学生的参与和表现，鼓励学生树立感恩心态和敬老意识，尽孝道、传承家庭美德。同时也要引导学生认识到尽孝道不仅是在物质上的供养，更是在精神上、情感上的关爱和陪伴。

布置作业：选择一天，将自己和父母的身份调换，体会父母的辛苦不易。

一、守规矩

主题班会 11：尊敬师长

活动目标

（1）理解尊敬师长的内涵和价值。
（2）了解尊敬师长的体现方式。
（3）培养学生的尊师重教意识，激励他们用实际行动表达对教师的敬意。

活动准备

（1）利用互联网，查找古代关于尊师重教的故事、现代社会中的尊敬师长行为等。
（2）邀请一些学生提前了解尊敬师长的相关知识，准备在班会上分享自己的感受和体会。
（3）设计一些互动环节，如角色扮演、小组讨论等，以增强学生的情感体验。

活动过程

（一）开场白

在班会开始之前，主持人先介绍本次班会的主题和目的，引导学生进入主题。

主持人开场白示例

尊敬的老师，亲爱的同学们：

大家好！

今天，我们聚集在这里，召开一次主题班会——尊敬师长。尊师重教是中华民族的传统美德，也是我们作为学生应该具备的基本素质。

"尊敬师长"不仅是一种道德规范，更是一种行为准则。它代表着我们对老师的尊重和感激，是我们与老师建立良好关系的基础。只有当我们真正尊敬师长，才能更好地学习知识、提升能力，为未来的发展打下坚实的基础。

41

今天，让我们一起在这个主题班会中，深入探讨尊敬师长的内涵和意义，学习如何在实际行动中践行尊敬师长的精神。让我们一起分享我们的思考和感悟，一起为建设一个和谐、融洽的师生关系而努力。

现在，让我们开始今天的主题班会吧！

（二）历史传承

尊敬师长是中华民族的优良传统，有着悠久的历史和文化传承。

理学家杨时：程门立雪尊师典范

"程门立雪"这一成语家喻户晓。它出自北宋著名理学家杨时求学的故事。

杨时，将乐县人，四岁入村学习，七岁就能写诗，八岁就能作赋，人称神童。他十五岁时攻读经史，熙宁九年（1076）登进士榜。有一年，杨时赴任浏阳县令途中，不辞劳苦，绕道洛阳，拜著名理学家、教育家程颐为师。时值冬季的一天，杨时因与学友游酢在对某问题有不同看法，为求正解而一起到老师家请教。他们顶着凛冽寒风来到程颐家时，适逢先生坐在炉旁打坐养神。杨时二人不敢惊动打扰老师，就恭恭敬敬侍立在门外，等候先生醒来。过了良久，程颐一觉醒来，从窗口发现侍立在风雪中的杨时和游酢，只见他们通身披雪，脚下的积雪已一尺多厚了，赶忙起身迎他俩进屋。此后，"程门立雪"的故事就成为尊师重道的千古美谈。

儒商始祖子贡：尊师至诚孝道楷模

子贡，孔子杰出弟子。后弃官从商，成为孔子弟子中最富有者，商界历来公认他为"儒商始祖"。

公元前479年，中国古代伟大的思想家、教育家——圣人孔子溘然长逝。孔子死后，众弟子皆服丧三年，相诀而去，独有子贡结庐墓旁，守墓六年，足见师徒情深，尊师之诚，实属中华尊师孝道楷模第一人。后人感念此事，建屋三间，立碑一座，题为"子贡庐墓处"。因子贡为孔墓所植为楷树，后世便以"楷模"一词来纪念这位圣徒。

唐太宗李世民：教子尊师传为佳话

唐太宗李世民，唐朝第二位皇帝，开创了"贞观之治"唐朝盛世。李世民懂得国家要兴旺发达，长治久安，同样认为子女教育非常重要，他认为教诫太子诸王是"当今日之急"。因此，他给几个儿子选择老师都是德高望重、学问渊博的人。而且，一再告诫子女一定要尊重老师。

一次，太子的老师李纲因患脚疾，不能行走。怎么办呢？在封建社会，后宫森严，除了皇帝和他的后妃、子女可以坐轿后，其他官员不要说坐轿，就是出入也是诚惶诚恐的。唐太宗知道后竟特许李纲坐轿进宫讲学，并诏令皇太子亲自迎接老师。

后来，唐太宗又叫礼部尚书王圭当他第四个儿子魏王的老师。有一天，他听到有人反映魏王对老师不尊敬。唐太宗十分生气，他当着王圭的面批评儿子说："以后你每次见到王圭，如同见到我一样，应当尊敬，不得有半点放松。"从此，魏王见到老师王圭，总是好好恭迎，听课也认真了。

由于唐太宗家教严格，他的几个儿子对老师都很尊敬，从不失礼。唐太宗教子尊师也被后人传为佳话。

文学家鲁迅：探望老师传为美谈

鲁迅，中国著名文学家、思想家、评论家、革命家，伟人毛泽东称之为"中国文化革命的主将"。

鲁迅十二岁时到三味书屋师从寿镜吾先生读书。鲁迅对寿镜吾老师一直很尊敬。他18岁时到南京读书，每当放假回绍兴时，总要抽空去看望寿老先生，1902—1909年，鲁迅出国留学。这8年间，鲁迅经常写信向寿老师汇报自己在异国的学习情况。1906年6月，鲁迅从日本回绍兴与朱安女士结婚，在绍兴只停留了短短的4天，但他仍专程探望了年逾花甲的寿老先生。

数学家华罗庚：修炼成名不忘师恩

华罗庚，世界著名的数学家，中国现代数学之父。在他成名之后，不止一次说过："我能取得一些成就，全靠我的老师栽培"。1949年，华罗庚从国外回来，马上赶回故乡江苏金坛县，看望发现他数学才能的第一个"伯乐"：王维克老师。他在金坛做数学报告时，特地把王老师请上主席台就座，进会场时让老师走在前面，就座时只肯坐在老师的下首。

由于青年时代受到过"伯乐"的知遇之恩，华罗庚对于人才的培养格外重视，他发现和培养陈景润的故事更是数学界的一段佳话。

（三）角色扮演

设计一些角色扮演环节，让学生通过扮演教师和学生来体验尊敬师长的意义和重要性。例如，让学生扮演教师体验备课、授课、批改作业等环节，感受教师的辛勤付出和责任。

（四）小组讨论

让学生分组讨论尊敬师长的意义和方法，以及如何用实际行动表达对教师的敬意。通过小组讨论，引导学生深入思考尊敬师长的意义和重要性。

活动结束

回顾总结：教师进行总结点评，回顾本次班会的主要内容和目标，强调尊敬师长的重要性和意义，肯定学生的参与和表现，鼓励大家树立尊师重教意识，用实际行动表达对教师的敬意。同时也要引导学生认识到尊敬师长不仅是在言行上的尊重，更是在学习上、思想上的进步和发展。

布置作业：为自己最喜欢的老师绘制一张贺卡。

主题班会12：团结同学

活动目标

（1）理解团结同学的内涵和价值。

（2）了解团结同学的体现方式。

（3）培养学生的团队合作意识，激励他们积极与同学合作，共同进步。

一、守规矩

活动准备

（1）利用互联网，查找适合学生的合作游戏、团队竞赛等。

（2）邀请一些学生提前了解团结同学的相关知识，准备在班会上分享自己的感受和体会。

（3）设计互动环节，如小组讨论、合作游戏等，以增强学生的团队合作和互动能力。

活动过程

（一）开场白

在班会开始之前，主持人先介绍本次班会的主题和目的，引导学生进入主题。

主持人开场白示例

尊敬的老师，亲爱的同学们：

大家好！

今天，我们聚集在这里，召开一次主题班会——团结同学。在我们的成长过程中，同学之间的团结互助是我们不可或缺的一部分。只有当我们团结一致，才能共同面对挑战，共同追求进步。

"团结同学"是一种积极向上的精神，它代表着我们之间的友谊和信任。只有当我们团结同学，才能和同学建立起深厚的友谊，快乐而充实地度过学生时代的每一天。

今天，让我们一起在这个主题班会中，深入探讨团结同学的内涵和意义，学习如何在实际行动中践行团结同学的精神。让我们一起分享自己的思考和感悟，一起为建设一个和谐、友爱的班级而努力。

现在，让我们开始今天的主题班会吧！

（二）故事分享

"众人拾柴火焰高。"学生时代将成为每个人最珍贵的回忆。邀请学生分享关于团结同学的故事或经历，包括在学习、生活和活动中与同学合作的故事。通过分享故事或经历，引导学生理解团结同学的重要性和价值。

优秀案例介绍

"特殊"的同学

在辽宁抚顺高湾中学，按照惯例，学生们每升一个年级就要往上搬到高一层楼的教室上课。而八年级四个班的129名同学，偏偏没有遵循学校这个要求，统统留在一楼上课，并且他们会一直在一楼教室直到中学毕业。原因是他们中有一位情况"特殊"的同学——黄同学，因为患有"进行性肌肉营养不良"，肌肉萎缩，而导致严重的运动障碍。但对于这个年级的同学们来说，黄同学是不可缺少的一员。大家希望能和他一起学习、一起毕业，于是，他们向学校申请，留在了出入相对方便的一楼。

在辽宁抚顺高湾中学的北门，学校专门为黄同学留出了方便通道。这天一大早，他和往常一样，在母亲的陪伴下进入学校。原本按照学校传统，作为初中新生的七年级，9月开学后，教室应该从一楼搬到二楼，但已经升入八年级的黄同学和他的同学们，如今却并没有搬到二楼，仍然留在一楼上课。

在同学们心里，黄同学虽然身体状况跟大家不一样，但早已是集体中不可缺少的一员。今年14岁的黄同学，只能靠轮椅出行。尽管如此，父母仍然鼓励他坚持读书，一路陪伴。去年7月，黄同学面临升入初中，抚顺高湾中学接受了他的到来。

更贴心的是，有人还把"残疾人卫生间"的门牌标志悄悄换成了"爱心卫生间"。

如今，升入八年级的同学们，又做了一件让黄同学感到温暖的事。他们放弃搬到二楼更暖和、更亮堂的教室，选择继续留在一楼。理由只有一个，黄同学上下楼梯不方便，大家要陪着他在一楼学习，直到中学毕业。

曾经的黄同学，因为自己的身体状况，而抗拒与人交流沟通，其实是他用坚强和略感冷漠的外壳，小心翼翼地包裹起了自己那颗向往美好生活的真心。如今我们看到，在老师和同学们用最自然的善意贴心陪伴下，黄同学正在改变，越来越开朗，越来越阳光。

在学校举行的运动会上，黄同学和班级同学一起完成了入场队列仪式，并且他的位置是班级的最前面，这也是他第一次和同学们走队列。

（三）图片展示

展示关于团结同学的照片或图片，包括运动会上学生们拔河、接力赛跑的场景和团队合照等。通过图片展示，让学生更直观地感受团队合作和团结的力量。

（四）互动游戏

设计一些团队合作的游戏，如接力比赛、团队拼图等。通过游戏，让学生亲身体验团队合作和团结的重要性，培养他们的团队合作意识和协作能力。

（五）小组讨论

让学生分组讨论团结同学的内涵和意义，以及如何与同学更好地合作，共同进步。通过小组讨论，引导学生深入思考团结同学的重要性和价值。

活动结束

回顾总结：教师进行总结点评，回顾本次班会的主要内容和目标，强调团结同学的重要性和意义，肯定学生的参与和表现，鼓励大家树立团队合作意识，积极参与班级的各项活动，促进班级的和谐稳定。同时也要引导学生认识到团结同学不仅是在学习上的互相帮助，更是在生活上、情感上的相互关心和支持。

布置作业：写一写你身边熟悉的同学或朋友，300字左右。

二、讲公德

主题班会 13：诚信，立身之本

活动目标

（1）理解诚信的内涵和价值。
（2）探讨诚信在个人和社会中的重要性。
（3）培养学生的诚信意识和诚信行为，鼓励他们在学习和生活中始终坚守诚信原则。

活动准备

（1）利用互联网，查找关于诚信的故事、案例或社会新闻。
（2）邀请一些学生提前了解诚信的相关知识，准备在班会上分享自己的感受和体会。
（3）设计一些互动环节，如小组讨论、角色扮演等，以增强学生的参与感，提高学生的思考能力。

活动过程

（一）开场白

在班会开始之前，主持人先介绍本次班会的主题和目的，引导学生进入主题。

主持人开场白示例

尊敬的老师，亲爱的同学们：

大家好！

今天我们聚集在这里，共同开展一次主题班会——诚信，立身之本。诚信，是每个人应该具备的重要品质，也是我们社会生活中不可或缺的基石。

诚信，就是诚实守信，言行一致。它不仅是个人品德的体现，更是社会交往的基础。在我们的日常生活中，无论是学习、工作还是人际交往，都需要以诚信为准则。只有诚实守信，才能赢得他人的信任和尊重，也才能在社会上立足。

诚信的重要性不仅在于它能够让我们在社会上获得成功，更在于它能够让我们成为一个有价值的人。诚信能够让我们保持正直，不受诱惑和欺骗，始终坚守自己的原则和底线。同时，诚信也能够让我们成为一个值得信赖的人，与他人建立良好的关系，共同创造美好的未来。

在我们的成长过程中，诚信的培养是非常重要的。我们应该时刻提醒自己要保持诚实守信，不要为了自己的利益而欺骗他人。同时，我们也应该学会信任他人，给予他人信任和理解，共同营造一个诚信的社会环境。

（二）故事分享

邀请学生分享关于诚信的故事或案例，包括历史人物、身边人或自己的经历等。通过分享故事，引导学生理解诚信的重要性和价值。

小故事
曾子杀彘

曾子的妻子到集市上去，她的儿子哭着跟着她。曾子的妻子对他说："你先回去，等娘回来时杀猪给你吃。"

妻子从集市回来，看到曾子正准备杀猪。妻子制止他说："我只不过是跟孩子开玩笑罢了，你为什么要当真呢？"

曾子说："孩子是不能被糊弄的。小孩子什么都不懂，只会学父母的样子行事。今天你欺骗他，就是教他学会欺骗。母亲欺骗儿子，儿子就不会再相信他的母亲了，这不是教育孩子该用的方法。"

于是曾子就把猪杀了，煮给孩子吃。

（三）案例分析

展示一些关于诚信的案例或社会新闻，让学生进行分析和讨论。通过案例分析，引导学生深入思考诚信在个人和社会中的重要性。

先进人物介绍

走进"中国蔬菜之乡"山东寿光，随处可见以一个人的名字命名的蔬菜品牌——"乐义"，而这个人就是把诚信作为毕生最大追求的王乐义，并且用自己的实际行动为诚实守信写下了最好的注脚。

"无论从事什么职业，都要自觉做老实人，说老实话，办老实事。"多年来，王乐义始终把诚信作为立身之本，用诚实劳动获取财富。他常说："我是党支部书记，在三元朱村，我说出来的话，办出来的事就代表党的形象，我诚实做事，群众就相信，党的一级组织就有威信，就有凝聚力。"

1978年，刚做过癌症手术的王乐义，被推选为三元朱村党支部书记。为了兑现自己上任时的诺言，他带领三元朱村建起了17个冬暖式大棚，掀起了一场蔬菜种植革命。1992年，无公害蔬菜首次在三元朱村开发成功，取得了国家质检局发放的无公害农产品标志证书，被农业部授予国内首批"无农药残毒放心菜生产基地"。2001年，他在村里组织开展了以创建文明信用蔬菜基地、文明信用蔬菜村、文明信用菜农、文明信用农业龙头企业、文明信用经营业户为主要内容的"五信"创建活动。三元朱村生产的蔬菜质量全部达到国际标准，畅销全国各地，并出口到十几个国家和地区。诚信打造了三元朱村的蔬菜品牌，也给村民们带来了实实在在的效益。2006年，该村集体年收入达3 560万元，人均年纯收入达10 300元。

王乐义认为，天下农民是一家，自己富了不算富，大家都富才算富。蔬菜大棚成功后，到三元朱村参观学习的人络绎不绝，他从不私藏，以诚待人，并与全体村民立下规矩：凡是外地来学技术的，特别是贫困地区的农民，都要倾心相助，无偿地、毫无保留地把技术教给前来学习的农民兄弟。十多年来，全国各地已有百余万群众在寿光取到了致富真经。十几年来，他带领全村将大棚技术毫无保留地无偿对外推广。从1990年到现在，三元朱村的技术员先后到过20个省区市的300多个县市区，都在当地成功地推广了冬暖大棚技术。王乐义本人也拖着癌症之躯，先后到全国11个省、市、自治区无偿传授大棚蔬菜技术，行程达几十万千米。如今，冬暖式蔬菜大棚已经遍布大江南北，不仅丰富了城乡居民的菜篮子，而且鼓起了亿万农民的钱袋子。

作为冬暖式蔬菜大棚的创始人，王乐义的名字本身就是一笔很大的无形资产，2001年7月，"乐义"蔬菜在国家工商总局注册。这几年，"乐义"品牌应用到了更多的领域，除了绿色蔬菜，还有复合肥、塑料薄膜等，有的合作单位答应给30%的股份。专家们估算，仅这三大块，这个牌子的价值就过亿元，他就会成为名副其实的大款。但王乐义对乡亲们明确表态，这个分红的钱他一分不拿，因为这个品牌是乡亲们四十多年来共同培育的，收益理应属于整个三元朱村。

王乐义不仅自己坚守诚信的理念，还积极带动他人做诚实守信的模范。2006年农业税全面取消后，他向全国农民朋友发出了"依法诚信纳税，建设社会主义新农村"的倡议。寿光市绿州农化有限公司经理张金洋是先富起来的农民，在办绿州农化有限公司的当初，由于自己不懂税法，只干不学。结果，开业不长，税务干部就找上了门，最后补缴了5万元的税款和罚金。通过这件事，他深有感触地说，乐义说得对，只有学法、守法，依法诚信纳税才有出路。

在王乐义的带动下，诚实守信在三元朱村蔚然成风，三元朱村被中央文明委评为全国文明村镇建设工作先进村。王乐义先后被评为全国优秀共产党员、全国劳动模范，并先后当选为中国共产党第十五、十六、十七次全国代表大会代表。

（四）小组讨论

让学生分组讨论诚信的内涵和价值，以及如何在日常生活中体现诚信原则。通过小组讨论，培养学生的诚信意识和诚信行为。

（五）角色扮演

设计一些角色扮演环节，让学生模拟诚信或不诚信的行为场景，体验诚信或不诚信带来的不同结果。通过角色扮演，让学生更深入地理解诚信的重要性。

活动结束

回顾总结：教师进行总结点评，回顾本次班会的主要内容和目标，强调诚信的重要性和意义，肯定学生的参与和表现，鼓励大家树立诚信意识，坚守诚信原则，成为有信誉、有品质的人。同时也要引导学生认识到诚信不仅是在学习中的一种要求，更是在生活中的一种品质。

布置作业：试想，如果人与人之间没有诚信，我们的生活将会变成什么样，没有诚信将有哪些危害，写一篇300左右字的小作文。

模块二　品德修养篇

主题班会 14：有"礼"走遍天下都不怕

活动目标

（1）理解"有'礼'走遍天下都不怕"的含义。
（2）学习和实践礼仪，提高自身素质和修养。
（3）培养学生的文明礼仪意识和文明习惯，鼓励他们在日常生活中践行礼仪。

活动准备

（1）利用互联网，查找关于礼仪的案例、图片或视频资料，展示文明礼仪在生活和工作中的重要性。

（2）邀请一些学生提前了解礼仪的相关知识，准备在班会上分享自己的感受和体会。

（3）设计互动环节，如模拟场景、角色扮演等，以增强学生的参与感，提高学生的实践能力。

活动过程

（一）开场白

在班会开始之前，主持人先介绍本次班会的主题和目的，引导学生进入主题。

主持人开场白示例

尊敬的老师，亲爱的同学们：

大家好！

今天，我们聚集在这里，召开一次主题班会——有"礼"走遍天下都不怕。在中国传统文化中，"礼"是一种非常重要的道德规范和行为准则。它代表着尊重、谦逊、友善、宽容等品质，是我们与人交往的基本准则。

二、讲公德

"有'礼'走遍天下都不怕"告诉我们,在与人交往中,我们要注重礼仪,尊重他人,以友善、宽容的态度去待人接物。只有这样,我们才能赢得他人的尊重和信任,建立起良好的人际关系。

今天,让我们一起在这个主题班会中,学习如何注重礼仪,如何以友善、宽容的态度去待人接物。让我们一起分享自己的经验和感悟,一起探讨如何更好地践行"有'礼'走遍天下都不怕"的理念。

现在,让我们开始今天的主题班会吧!

(二)"有'礼'走遍天下都不怕"的含义

如果一个人具备了礼貌和礼仪,那么他就可以在任何地方都受到欢迎和尊重,无论面对什么样的挑战和困难,都能够从容应对,取得成功。

首先,"礼"在这里指的是礼貌和礼仪,是人们在交往中应该遵循的基本规范。礼貌是一种对他人的尊重和友善,而礼仪则是一种对场合和规则的遵守。如果一个人具备了礼貌和礼仪,那么他就会在交往中表现出谦虚、友善、尊重他人的态度,从而赢得他人的信任和尊重。

其次,"走遍天下都不怕"意味着这个人具备了足够的自信和勇气,能够在各种场合和情况下应对自如。由于他具备了礼貌和礼仪,无论面对什么样的挑战和困难,都能够从容应对,不失风度。

最后,"不怕"意味着这个人有足够的自信和勇气去面对未知和挑战,不畏惧困难和失败。这种自信和勇气来自他对自己能力和价值的认识,也来自他对别人的尊重和信任。

"有'礼'走遍天下都不怕"这句话强调了礼貌和礼仪的重要性,以及具备这些品质的人所拥有的自信和勇气。它提醒我们在交往中要注重礼仪和礼貌,同时也要拥有足够的自信和勇气去面对挑战和困难。

(三)案例分享

邀请学生分享关于不文明礼貌的案例或经历,包括公共场所的礼仪、人际交往的礼仪等。通过分享案例,引导学生理解文明礼仪的重要性和价值。

（四）模拟场景

设计一些模拟场景，让学生扮演不同角色，体验不同场合的礼仪规范和实践方式。通过模拟场景，增强学生的参与感，提高学生的实践能力。

模拟场景1：在公交车上，有人将手机的声音放得很大。

模拟场景2：在地铁里，有人吃东西，并将包装随意丢弃。

（五）小组讨论

让学生分组讨论文明礼仪的重要性，以及如何在日常生活中践行文明礼仪。通过小组讨论，培养学生的文明礼仪意识和文明习惯。

活动结束

回顾总结：教师进行总结点评，回顾本次班会的主要内容和目标，强调"有'礼'走遍天下都不怕"的重要性和意义，肯定学生的参与和表现，鼓励大家树立文明礼仪意识，践行文明礼仪行为，提高自身素质和修养。同时也要引导学生认识到文明礼仪不仅是学习中的一种要求，更是生活中的一种品质。

布置作业：你在现实生活中遇到过哪些不文明的现象？和大家分享。

主题班会15：网络不是法外之地

活动目标

（1）理解网络不是法外之地的含义。

（2）学习和了解网络安全法律法规，提高网络安全意识和自我保护能力。

（3）培养学生的网络道德和网络素养，鼓励他们成为网络文明的传播者和守护者。

二、讲公德

活动准备

（1）准备关于网络安全法律法规的资料，包括《中华人民共和国网络安全法》等。

（2）邀请一些学生提前了解网络安全的相关知识，准备在班会上分享自己的感受和体会。

（3）设计一些互动环节，如小组讨论、角色扮演等，以增强学生的参与感和思考能力。

活动过程

（一）开场白

在班会开始之前，主持人先介绍本次班会的主题和目的，引导学生进入主题。

主持人开场白示例

尊敬的老师，亲爱的同学们：

大家好！

今天，我们聚集在这里，召开一次主题班会——网络不是法外之地。随着互联网的普及，网络已经成为我们生活中不可或缺的一部分。但是，网络并不是一个法外之地，我们在享受网络便利的同时，也要遵守相关的法律法规和社会道德规范。

"网络不是法外之地"提醒我们，在网络世界中，我们同样需要遵守法律和道德规范。网络上的言论和行为同样受到法律的约束，任何违反法律和道德规范的行为都将受到相应的惩罚。

今天，让我们一起在这个主题班会中，深入了解网络法律法规和道德规范的重要性，学习如何正确使用网络，如何避免在网络上做出违法违规的行为。让我们一起探讨如何更好地维护网络秩序，为建设一个和谐、健康的网络环境贡献自己的力量。

现在，让我们开始今天的主题班会吧！

（二）为什么说"网络不是法外之地"

"网络不是法外之地"的含义是指网络空间同样需要遵守法律和道德规范，不能成为违法违规行为的避风港。

这个比喻的含义是，网络空间和现实世界一样，都需要受到法律的约束和道德的规范。在网络上，人们同样需要遵守法律法规，尊重他人的权利和利益，不能利用网络进行违法违规的行为。

这个比喻的目的是提醒人们，在网络空间中也要保持清醒的头脑，遵守法律和道德规范，共同维护一个健康、和谐的网络环境。

（三）法律法规解读

《中华人民共和国网络安全法》是为了保障网络安全，维护网络空间主权和国家安全、社会公共利益，保护公民、法人和其他组织的合法权益，促进经济社会信息化健康发展，制定的法律，对中国网络空间法治化建设具有重要意义。

（四）案例分享

邀请学生分享关于网络安全的事件或经历，包括网络诈骗、网络谣言等。通过分享案例，引导学生理解网络安全的重要性和规范网络行为的重要性。

近年来，一些电信网络诈骗犯罪集团利用大学毕业生在就业季求职心切、安全防范和法律意识薄弱的特点，在全国范围内引诱大学生落入"圈套"，导致少数人赚"小"钱却踩"大"坑，付出沉重的代价，造成了恶劣的社会影响。

【案件详情】

2019年4月，刚刚大学毕业的黄××、张××等6人通过招聘网站、熟人介绍等方式，入职李××、苏××（另案处理）等人成立的跨国电信网络诈骗集团。该集团要求6名大学毕业生通过每天操作5～8部手机、登录不同的网络社交通信账户，在100多个网络互动平台里，通过转发话术、吹捧老师、扮演水军等方式，以投资挣钱为名取得被害人信任后，引导其在聘请他人设计、开发的投资"比特币""神话币"网站等进行投资。工作中，黄×等大学生发现该集团提供的"话术"内容并不真实，意识到相关行为可能违法。但基于利益驱使和高额提成的诱惑，黄×等人继续从事该工作。直到2019年7月中旬，该诈骗集团宣布解散并搬到国外，黄×等人才结束了该工作。

截至案发，该诈骗集团分别在境内及东南亚等地诈骗被害人逾500人，诈骗金额逾1.4亿元。本案由四川省西充县人民法院一审，四川省南充市中级人民法院二审。根据各被告人的犯罪事实、犯罪性质、情节和社会危害程度，结合不同情况，黄×、张×等6人分别被判处3年6个月至10年9个月不等的有期徒刑，并处以5万元至15万元不等的罚金。

【法官说法】

西充县人民法院刑庭庭长杨红清：人民法院在审理过程中，对案件的事实、证据、适用法律、定罪、量刑等方面进行全面审查，最终对各被告人判处相应的刑罚，有力打击了猖獗的电信网络诈骗犯罪，维护了社会秩序，挽回了人民群众的财产损失。本案警示大学生在找工作过程中，要提高自身法律意识，寻求正规就业途径，认真甄选求职信息，擦亮双眼，切不能被眼前的利益冲昏头脑，急于就业、随便就业，以免落入求职陷阱。

（五）小组讨论

让学生分组讨论网络安全的重要性和规范网络行为的意义，以及如何在日常生活中维护网络安全和文明上网。通过小组讨论，培养学生的网络道德和网络素养。

（六）角色扮演

设计一些角色扮演环节，让学生模拟网络场景中的行为规范和不文明行为，体验不同行为带来的后果。通过角色扮演，增强学生的参与感，提高学生的实践能力。

活动结束

回顾总结：教师进行总结点评，回顾本次班会的主要内容和目标，强调"网络不是法外之地"的重要性和意义，肯定学生的参与和表现，鼓励大家树立网络安全意识，提高自我保护能力，成为网络文明的传播者和守护者。

布置作业：现如今，手机几乎成为每个人的必需品，请谈一谈使用手机应注意哪些网络安全问题。

三、扬正气

主题班会 16："雷锋精神"永放光芒

活动目标

（1）理解"雷锋精神"的内涵和价值。
（2）学习和实践"雷锋精神"，提高自身道德修养。
（3）培养学生的社会责任感和积极向上的人生态度。

活动准备

（1）准备关于"雷锋精神"的经典名言和故事资料。
（2）邀请一些学生提前了解"雷锋精神"的相关知识，准备在班会上分享自己的感受和体会。

活动过程

（一）开场白

在班会开始之前，主持人先介绍本次班会的主题和目的，引导学生进入主题。

主持人开场白示例

尊敬的老师，亲爱的同学们：

大家好！

今天，我们聚集在这里，召开一次主题班会——"雷锋精神"永放光芒。

雷锋精神以雷锋同志的名字命名，以雷锋的精神为基本内涵，是在实践中不断丰富和发展着的革命精神。

三、扬正气

雷锋精神的内容为热爱党、热爱国家、热爱社会主义的崇高理想和坚定信念；服务人民、助人为乐的奉献精神；干一行爱一行、专一行精一行的敬业精神；锐意进取、自强不息的创新精神；艰苦奋斗、勤俭节约的创业精神。

现在，让我们开始今天的主题班会吧！

（二）"雷锋精神"的含义

"雷锋精神"，是以雷锋（图2-1）的名字命名，以雷锋的崇高品质为基本内涵，在实践中不断丰富和发展着的精神，其实质和核心是全心全意为人民服务，为了党和人民的事业无私奉献。

中国共产主义战士雷锋在实践中表现出来的全心全意为人民服务的共产主义精神和态度，其实质是：忠于共产主义事业，毫不利己地帮助别人，在各种不同的工作岗位上干一行爱一行，把有限的生命投入到无限的为人民服务中去，在平凡的工作中为社会主义、共产主义的事业而奉献自己的力量。

图2-1 雷锋

"雷锋精神"是中华人民共和国成立以来无时无刻不熏陶鼓舞中国人祖祖辈辈的做人法则，深入贯彻了以爱国主义为核心的团结统一、爱好和平、勤劳勇敢、自强不息的伟大的民族精神，中国梦的实现，需要"雷锋精神"才能在两个百年之际怦然落地。

无论是当农民、当工人还是当战士，雷锋给人的印象永远是充满活力地投身工作、热情大方地帮助他人。他在平凡的岗位上创造出了不平凡的业绩，始终保持着革命的热情和干劲。他时刻要求自己做一个毫无利己之心的人，为了国家、人民的利益，不惜牺牲自己的利益甚至生命。战争年代的奉献是为理想战斗、为革命牺牲的大无畏精神；和平年代的奉献就是到最艰苦的地方、到祖国最需要的地方的无私忘我精神。从雷锋到焦裕禄，从张富清到杨善洲……这些优秀的中国共产党人，都在终身践行无私无畏的奉献精神。在现实中，我们无论身处何种岗位，从事何种工作，要收获真正的人生价值，就应当尽己所能地帮助他人和回馈社会。在时代浪潮中处理好国家利益、集体利益与个人利益的辩证关系，始终坚持党和人民的利益高于一切。

（三）小组讨论

通过小组讨论让学生分享"雷锋精神"的内涵和意义，以及如何在日常生活中践行"雷锋精神"，培养学生的社会责任感和积极向上的人生态度。

活动结束

回顾总结：教师进行总结点评，回顾本次班会的主要内容和目标，强调"雷锋精神"的重要性和意义，肯定学生的参与和表现，鼓励学生树立正确的价值观和人生态度，积极践行"雷锋精神"，提高自身道德修养。同时也要引导学生认识到"雷锋精神"不仅是学习中的一种要求，更是生活中的一种品质。

作业布置：我们现在是否还需要"雷锋精神"？阐明原因。

主题班会17：践行"君子之道"

活动目标

（1）理解"君子之道"的内涵和价值。
（2）学习和实践"君子之道"，提高自身道德修养。
（3）培养学生的社会责任感和积极向上的人生态度。

活动准备

（1）准备关于"君子之道"的经典名言和故事资料。
（2）邀请一些学生提前了解"君子之道"的相关知识，准备在班会上分享自己的感受和体会。

活动过程

（一）开场白

在班会开始之前，主持人先介绍本次班会的主题和目的，引导学生进入主题。

主持人开场白示例

尊敬的老师，亲爱的同学们：

大家好！

今天，我们聚集在这里，召开一次主题班会——践行"君子之道"。在中国传统文化中，"君子之道"是一种崇高的道德追求，它代表着正直、诚实、善良、有担当等品质。

"君子之道"不仅是一种个人修养，更是一种社会责任。作为新时代的青年，我们应该积极践行"君子之道"，以实际行动为社会做出贡献。

今天，让我们一起在这个主题班会中，深入探讨"君子之道"的内涵和意义，学习如何践行"君子之道"，成为有道德、有担当的新时代青年。

现在，让我们开始今天的主题班会吧！

（二）"君子之道"的含义

"君子之道"的内涵非常丰富，它涉及人格、品德、行为准则等多个方面。

首先，"君子之道"强调的是高尚的人格和品德修养。它认为，一个真正的君子应该具备诚实、正直、谦虚、宽容、勇敢、坚定等品质。君子之道的核心是"仁"，即对他人的关爱、尊重、包容和帮助。一个真正的君子，不仅要具备高尚的品德和修养，还要对他人有真正的关爱和尊重。

其次，"君子之道"强调的是人与人之间的互动和相互影响。它认为，人与人之间的互动和相互影响是不可避免的，因此，我们应该以高尚的品德和行为去影响他人，促进社会的和谐与进步。

再次，"君子之道"还强调了个人行为对整个社会的影响和贡献。它认为，个人的行为不仅会影响自己，还会影响他人和社会。因此，我们应该以高尚的品德和行为去影响他人，为社会做出贡献。

最后，"君子之道"还强调了人们应该具备对自己的严格要求和自我修养。一个真正的君子，不仅要关爱和尊重他人，还要对自己严格要求，不断提高自己的道德修养和品德水平。

"君子之道"是一种高尚的人格和品德修养，涉及人格、品德、行为准则等多个方面。它强调了人与人之间的互动和相互影响，以及个人行为对整个社会的影响和贡献。同时，它也强调了人们应该对自己的严格要求和具备自我修养。只有通过践行"君子之道"，才能真正成为一个高尚、有品德、有责任感的人。

（三）名言分享

邀请学生分享关于"君子之道"的经典名言，包括孔子的"君子坦荡荡，小人长戚戚"等。通过分享名言，引导学生理解"君子之道"的内涵和价值。

名言警句

1. 君子怀德，小人怀土；君子怀刑，小人怀惠。
2. 君子之德风，小人之德草，草上之风，必偃。
3. 君子成人之美，不成人之恶。
4. 君子坦荡荡，小人长戚戚。
5. 君子忧道不忧贫。
6. 君子不重则不威。
7. 君子乐与人同，小人乐与人异。
8. 君子和而不同，小人同而不和。

（四）故事分享

邀请学生分享关于践行"君子之道"的故事或经历，包括历史人物、身边人或自己的经历等。通过分享故事或经历，引导学生理解践行"君子之道"的重要性和价值。

在余秋雨看来，"君子之道"最重要的九个维度分别是：君子怀德、君子之德风、君子成人之美、君子周而不比、君子坦荡荡、君子中庸、君子有礼、君子不器、君子知耻。

君子怀德

语出《论语·里仁》:"君子怀德,小人怀土;君子怀刑,小人怀惠。"这里说的是君子、小人的差别,根本上是公、私之间的差别。以公共利益为主要思想取向,便是君子;以私自利益为主要思想取向,则是小人。

君子之德风

语出《论语·颜渊》:"君子之德风,小人之德草,草上之风,必偃。"这一论述,指出了君子的德行必须像风一样影响大众。这也符合孔子《论语·里仁》中:"德不孤,必有邻。"的思想。

君子成人之美

语出《论语·颜渊》:"君子成人之美,不成人之恶。小人反是。""成人之美"也就是促成别人的好事。这里的"人",并不仅仅是指家人、友人、认识的人,而是范围极大,广阔无边。

君子周而不比

语出《论语·为政》:"君子周而不比,小人比而不周。"这里说的是君子应该如何处理人际关系的问题。君子团结而不勾结,小人勾结而不团结。《论语·子路》:"君子和而不同,小人同而不和。"也表达了这个意思。

君子坦荡荡

语出《论语·述而》:"君子坦荡荡,小人长戚戚。"《论语·子路》:"君子泰而不骄,小人骄而不泰。"也表达了类似的含义。

君子中庸

语出《礼记·中庸》:"君子中庸,小人反中庸。""中"是指避开两头的极端而权衡出一个中间值;"庸",是指一种寻常实用的稳定状态。此是用来反对极端主义的。

如果种种极端不受控制，人类的灾难必将无穷无尽；那么，靠什么来控制极端呢？一定不是另一种极端方式，而只能是中庸。

君子有礼

语见《左传·昭公二十五年》："君子贵其身而后能及人，是以有礼。"另《晏子春秋·内篇第一》："凡人之所以贵于禽兽者，亦有礼也。"《左传·昭公七年》："礼，人之干也。无礼，无以立。"《左传·僖公十一年》："礼，国之干也。"也表达此意。那会有什么效果呢？《孟子·离娄下》："有礼者敬人，敬人者，人恒敬之。"《论语·学而》："礼之用，和为贵。"

君子不器

语出《论语·为政》："君子不器。"

君子知耻

《论语·子路》："行己有耻。"《孟子·尽心上》："人不可以无耻。无耻之耻，无耻矣。"那应该怎么做呢？《礼记·中庸》："知耻近乎勇。"《论语·公冶长》："不耻下问。"

（五）小组讨论

让学生分组讨论"君子之道"的内涵和意义，以及如何在日常生活中践行"君子之道"。通过小组讨论，培养学生的社会责任感和积极向上的人生态度。

（六）角色扮演

设计一些角色扮演环节，让学生扮演不同角色，体验践行"君子之道"的过程。通过角色扮演，增强学生的参与感和实践能力。

三、扬正气

活动结束

回顾总结：教师进行总结点评，回顾本次班会的主要内容和目标，强调"君子之道"的重要性和意义，肯定学生的参与和表现，鼓励学生树立正确的价值观和人生态度，积极践行"君子之道"，提高自身道德修养。同时也要引导学生认识到"君子之道"不仅是学习中的一种要求，更是生活中的一种品质。

布置作业：分组讨论"君子之道"。

主题班会18：以"我将无我"的境界融入"大我"

活动目标

（1）理解"我将无我"的境界和"大我"的概念。
（2）学习和实践"无我"精神，提高自身素质和修养。
（3）培养学生的集体意识和团队合作精神，提高班级凝聚力和向心力。

活动准备

（1）准备关于"我将无我"境界和"大我"概念的资料和案例。
（2）邀请一些学生提前了解相关知识，准备在班会上分享自己的感受和体会。
（3）设计一些互动环节，如小组讨论等，以增强学生的参与感，提高学生的思考能力。

活动过程

（一）开场白

在班会开始之前，主持人先介绍本次班会的主题和目的，引导学生进入主题。

65

主持人开场白示例

尊敬的老师，亲爱的同学们：

大家好！

今天，我们聚集在这里，召开一次主题班会——以"我将无我"的境界融入"大我"。这是一个充满哲学意味的主题，也是我们人生追求的一种高尚境界。

"我将无我"是一种自我超越的精神，它告诉我们，在追求个人成长和发展的过程中，我们要超越自我，忘却个人的得失和荣辱，以更高的境界和更宽广的视野去关注社会、关注他人。

而"大我"则是一种集体主义的精神，它强调个人与集体、与社会的紧密联系和相互依存。只有当我们以"大我"为出发点，才能真正理解并实践"我将无我"的境界。

今天，让我们一起在这个主题班会中，探讨如何以"我将无我"的境界融入"大我"，如何在个人成长和社会发展中实现自我超越和集体主义的统一。让我们一起分享自己的思考和感悟，一起探索如何在实践中实现这一高尚境界。

现在，让我们开始今天的主题班会吧！

（二）"我将无我"的境界和"大我"的概念

"无我"精神是一种忘我、无私、奉献的精神，而"大我"则是指集体、团队、大局的意识。

"我将无我"是一种崇高的精神境界，强调在为他人、为社会、为民族、为国家的奋斗中，忘却自我，全心全意地奉献。这种精神境界体现了个人对社会责任的高度认识和强烈的使命感，追求的是一种大公无私、无私奉献的崇高境界。

"我将无我"的精神境界源于中国传统文化，它强调个人对社会的责任和奉献，认为个人应该为社会做出贡献，而这种贡献往往需要个人放弃自己的利益，走出舒适区，甚至需要付出巨大的代价。这种精神境界也与社会主义核心价值观相契合，它强调的是一种集体主义精神和社会责任感，追求的是一种全心全意为人民服务的崇高境界。

在当今社会，"我将无我"的精神境界具有重要的现实意义。在个人层面上，它有助于我们树立正确的人生观和价值观，增强社会责任感和使命感，追求更高尚的道德境界。在社会层面上，它有助于推动社会进步和发展，增强社会凝聚力和向心力，促进和谐社会的建设。

三、扬正气

总之，"我将无我"是一种崇高的精神境界，它体现了个人对社会责任的高度认识和强烈的使命感。在实现中国梦的新时代征程中，我们需要弘扬"我将无我"的精神，全心全意地为人民服务，为民族复兴和人类文明进步做出更大的贡献。

（三）案例分享

邀请学生分享关于"我将无我"境界和"大我"概念的案例或经历，包括名人故事、历史事件或身边人的故事等。通过分享案例或经历，引导学生理解"无我"精神和"大我"意识的重要性和价值。

美文欣赏

有我、无我与忘我

王国维在《人间词话》中讲，"有我之境，以我观物，故物皆著我之色彩。无我之境，以物观物，故不知何者为我，何者为物"。有我与无我，可以用来评说诗词境界，又何尝不是衡量做人境界的标准？尤其对领导干部而言，为政一任，何时有我、何处无我、何地忘我，是一个值得认真思考的问题。

有我，是自我意识的凸显、角色定位的确认，涵养着敢于负责、勇于担当的气魄，孕育着关键时刻能站出来的勇气。责任面前应有我，干事面前该有我，发展面前当有我。唯其如此，面对改革发展的难点，才有舍我其谁的担当；面对干事创业的焦点，才有时不我待的紧迫；面对群众利益的痛点，才有存乎一心的真诚。如果承担责任时往后缩，推动发展时往后站，出了事总是先把自己撇得一干二净，如此不知有我，又怎能不贻误发展机会、把问题和矛盾击鼓传花？

老子《道德经》里面说："吾所以有大患者，为吾有身。及吾无身，吾有何患？"面对功名利禄太把自己当回事，面对荣辱得失太执着于自我，必然心为物役、患得患失，惶惶不可终日。当地位、级别、待遇在价值排序上占据优先，当物质、福利、享受在人生追求中位居前列，领导干部又如何能静下心来干事谋事？功名面前无我，则有得而不喜、失而不忧的淡泊，不以物喜、不以己悲的豁达，寒波澹澹、白鸟悠悠的宁静。唯其无我，方可来去随意、心如平湖，不为利益所诱、不为物质所惑、不为金钱所动。

（四）小组讨论

为了国家的荣誉，运动健儿在国际赛场上顽强拼搏。在很多世界级大赛上，我国运动健儿努力为国争光。让学生分组讨论"我将无我"的境界和"大我"意识的重要性以及如何在日常生活中体现。通过小组讨论，培养学生的集体意识和团队合作精神。

（五）互动环节

设计一些互动环节，如游戏、比赛等，让学生在轻松愉快的氛围中感受团队合作的力量和重要性。通过互动环节，增强班级凝聚力和向心力。

活动结束

回顾总结：教师进行总结点评，回顾本次班会的主要内容和目标，强调"我将无我"的重要性和意义，肯定学生的参与和表现，鼓励他们树立正确的价值观和人生态度，积极融入集体和社会，为大局着想，为团队贡献自己的力量。

布置作业：以"心有大我、至诚报国"为题，写一篇读后感。

自我发展篇　模块三

　　自我发展是指个体从出生到成熟再到衰老的过程中，随着身心发展而认知、情感、技能和社会适应性等方面不断提升和完善的过程。

　　自我发展涉及多个方面，包括身体发展、认知发展、情感和社会性发展等。在身体发展方面，个体从婴儿时期的生长和发育，到青少年时期的体格和生理变化，再到成年后的健康维护和衰老过程，都需要关注和适应。在认知发展方面，个体通过学习和经验不断获取知识和技能，从婴儿期的感知和动作发展，到儿童期的符号思维和语言能力，再到青少年时期的抽象思维和创新意识，认知能力不断得到提升。在情感和社会性发展方面，个体学会表达和调节自己的情绪，建立人际关系和适应社会规范，形成健康的人格和良好的社会适应性。

　　自我发展的过程是持续的，并且受到多种因素的影响。遗传因素、环境和教育、家庭和社会环境、个体经验和努力等都会影响自我发展的方向和速度。因此，个体需要不断地学习和适应，以促进自我发展的进程。

　　自我发展对于个体的成长和成功至关重要。通过不断地提升自我认知、自我调节和自我激励等方面的能力，个体可以更好地应对生活中的挑战和机遇，实现个人目标和价值。同时，自我发展也有助于个体更好地适应社会和环境，促进社会的发展和进步。

一、有梦想

主题班会 19：悦纳自己，规划人生

活动目标

（1）引导学生了解悦纳自己的重要性，增强自我认同感和自信心。

（2）帮助学生发现自己的优势和不足，制订个人成长计划。

（3）鼓励学生树立积极的人生观和价值观，为未来发展奠定基础。

活动准备

（1）利用互联网，收集关于悦纳自己和人生规划的案例和资料，包括成功和失败的案例。

（2）设计一些互动环节，如小组讨论、角色扮演等，以增强学生的参与感，提高学生的思考能力。

活动过程

（一）开场白

在班会开始之前，主持人先介绍本次班会的主题和目的，引导学生进入主题。

主持人开场白示例

尊敬的老师，亲爱的同学们：

大家好！

今天，我们聚集在这里，召开一次主题班会——悦纳自己，规划人生。在我们的成长过程中，我们不仅要关注自己的外部世界，更要关注自己的内心世界。悦纳自己，是成长的第一步，也是规划人生的基础。

一、有梦想

"悦纳自己"意味着我们要学会欣赏自己的优点和长处，同时也要接受自己的不足和缺点。只有真正悦纳自己，我们才能自信地面对生活中的挑战和困难。

而"规划人生"则是我们对自己未来发展的规划和展望。通过规划人生，我们可以明确自己的目标和方向，为自己的未来发展打下坚实的基础。

今天，让我们一起在这个主题班会中，探讨如何悦纳自己，如何规划人生。让我们一起分享自己的经验和感悟，一起探讨如何更好地悦纳自己、规划人生。

现在，让我们开始今天的主题班会吧！

（二）悦纳自己的重要性

通过 PPT、视频等形式，向学生讲解悦纳自己的概念和重要性。可以结合案例进行讲解，如关于名人成功背后的自我接纳和自信心的故事等，让学生理解悦纳自己对于个人成长和发展的影响。

1. 悦纳自己的含义

悦纳自己是指个体能正确评价自己、接受自己，并在此基础上使自我得到良好的发展。悦纳自己不仅是指接纳自己人格中的优点、长处，更是指接受自己的缺点与不足。在接受不足的基础上，努力改进自己、完善自己，而不是妄自菲薄，失去信心。

认识自我是一种境界，是我们在现代社会所应具有的素质。总的来说，悦纳自己包括三个方面。

第一，接受自己的全部，无论优点还是缺点，无论成功还是失败。第二，无条件地接受自己，接受自己的程度不以自己是否做错事而有所改变。第三，喜欢自己，肯定自己的价值，有愉快感和满足感。只有如此，我们才能真正地悦纳自己、认识自我。

心理健康的人首先要有自知之明。对自己能做出恰当评价的人，既能了解自我，又能接受自我，体验自我存在的价值。一个悦纳自己的人，并不意味着他的一切都是完美的，而是说他在接受自己优点的同时，也了解自己的缺点，很坦然地承认了自己的不足之处。而后，不断克服缺点，注意自我形象塑造，把握自己做人的准则，不断完善自己，更加自信地面对生活，走向成功。这既是一种修养，也是一种难能可贵的品质。

2. 悦纳自己的重要性

悦纳自己是心理健康的表现。当你快乐地接受了自己，你的整个心胸便会舒展和开阔，同时你会发现，你也更加容易接受他人了。

更好地悦纳自己可以有效缓解发展中的矛盾冲突，使个体得到健康发展。马斯洛的需要理论认为：人有自尊的需要，这是仅次于自我实现需要的第二高层次的需要。悦纳自己即产生高自尊。

《被讨厌的勇气》一书中写道："人生不是与他人的比赛。不与任何人竞争，只要自己不断前进即可。"北宋大文学家苏轼的父亲苏洵25岁"始知读书"，开始发奋，个人作品《六国论》等影响深远；唐代骆宾王，初唐四杰之一，年纪轻轻就有才有名，相传知名唐诗《咏鹅》是他7岁时的作品。晋文公重耳，一生中大部分时间都在外流亡，60岁时登基，文治武功都很卓著，在位9年，是春秋五霸中的第二位霸主；清代康熙帝8岁登基，14岁亲政，开创了康乾盛世的大局面。

拓展链接

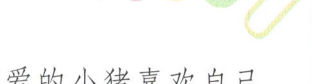

《我喜欢自己》是一本简单又温馨的书，讲述的是一只可爱的小猪喜欢自己、悦纳自己的故事。

小猪有一个最要好的朋友，那就是她自己。她会和自己做许多好玩儿的事，例如，画画、骑车、看书……她还喜欢照顾自己，她为自己刷牙、洗澡、吃有营养的食物。她热爱自己的一切！

故事虽然平淡，但是十分温馨，给人一种积极向上的力量。

季羡林说："每个人都在争取一个完满的人生。然而，自古及今，海内海外，没有谁拥有一个百分之百的人生。不完满才是人生。"

人生路上，并非都是鲜花坦途。"人有悲欢离合，月有阴晴圆缺。"人生总有缺憾，不圆满才是人生的常态。

学会正视不完美的自己，与自己握手言和，才能活出独一无二的人生。

我们都不是完美的人，但都要接受有瑕疵的自己。学会独立，学会自我安慰，找到自己的价值，珍惜自己的与众不同，如此才会自信坦然地面对生活。

接纳自己的不完美，才会内心平和宁静，有勇气改变人生。

（三）小组讨论

你是否因为容貌而焦虑？

你是否因为身材而苦恼？

一、有梦想

但是，这些并不是人生的全部。让学生分组讨论悦纳自己和规划人生的经验和感受。通过小组讨论，培养学生的合作学习和思考能力，鼓励他们在未来的学习和生活中积极悦纳自己并制订个人成长计划。

活动结束

回顾总结：教师进行总结点评，强调悦纳自己和规划人生的重要性和价值，肯定学生的参与和表现，鼓励学生在未来的学习和生活中积极悦纳自己并制订个人成长计划。

布置作业：列一张清单，写下自己将如何规划人生。

主题班会20：了解专业，匠心筑梦

活动目标

（1）引导学生了解自己的专业，明确专业目标和未来发展方向。
（2）培养学生的工匠精神，帮助学生提高专业素养和技能水平。
（3）鼓励学生树立追求卓越、实现梦想的信念，为未来发展奠定基础。

活动准备

（1）利用互联网，收集关于所在学校各专业的资料，包括专业特点、就业前景和发展趋势等。
（2）设计一些互动环节，如小组讨论等，以增强学生的参与感，提高学生的思考能力。
（3）邀请不同专业的专家或高年级学生为班会提供专业指导和建议。

活动过程

（一）开场白

在班会开始之前，主持人先介绍本次班会的主题和目的，引导学生进入主题。

主持人开场白示例

尊敬的老师，亲爱的同学们：

大家好！

今天，我们聚集在这里，召开一次主题班会——了解专业，匠心筑梦。在我们的学习和生活中，专业是我们未来发展的重要方向，而匠心则是我们追求卓越、实现梦想的关键。

"了解专业"不仅是对自己未来发展的规划，更有助于自我认知的提升。通过深入了解专业，我们可以明确自己的兴趣和优势，为自己的未来发展打下坚实的基础。

而"匠心筑梦"则是一种追求卓越的精神。只有拥有匠心，我们才能不断挑战自我，追求更高的目标。只有拥有匠心，我们才能不断超越自我，实现自己的梦想。

今天，让我们一起在这个主题班会中，深入了解我们的专业，激发我们的匠心精神。让我们一起分享自己的经验和感悟，一起探讨如何更好地了解专业、实现梦想。

现在，让我们开始今天的主题班会吧！

（二）专业认知

根据中国职业规划师协会定义：职业包含10个方向，即生产、加工、制造、服务、娱乐、政治、科研、教育、农业、管理。

细化分类有90多个常见职业，工人、农民、个体商人、公共服务、知识分子、管理、军人等。

通过PPT、视频等形式，向学生讲解不同专业的特点、就业前景和发展趋势等。可以结合案例进行讲解，如医学专业的学生如何成为一名医生、计算机专业的学生如何成为一名软件工程师等，让学生更加清晰地了解自己的专业和未来发展方向，干一行，爱一行。

（三）专业成功之路的探索

邀请不同专业的专家或高年级学生分享他们的成功之路。通过案例分享，让学生了解如何在实际工作中追求卓越，做出贡献，激发他们对所学专业的热情和追求。

（四）小组讨论

让学生分组讨论自己对专业的认知和感受。通过小组讨论，培养学生的合作学习和思考能力，鼓励他们在未来的学习和生活中积极追求卓越，努力做出贡献。

活动结束

回顾总结：教师进行总结点评，强调了解专业和匠心筑梦的重要性，肯定学生的参与和表现。

布置作业：写下自己所学专业的简介，向家人、亲戚、朋友介绍自己所学习的专业。

主题班会 21：大国工匠的成功之路

活动目标

（1）让学生了解大国工匠的概念和特质，理解其对社会和个人的价值。
（2）培养学生的工匠精神，帮助学生提高职业技能和素质。
（3）引导学生探索大国工匠的成功之路，激励他们在未来追求卓越，做出贡献。

活动准备

（1）利用互联网，收集关于大国工匠的案例和资料，包括他们的事迹、成就和经验。

（2）设计一些互动环节，如小组讨论等，以增强学生的参与感，提高学生的思考能力。

活动过程

（一）开场白

在班会开始之前，主持人先介绍本次班会的主题和目的，引导学生进入主题。

主持人开场白示例

尊敬的老师，亲爱的同学们：

大家好！

今天，我们聚集在这里，召开一次特别的主题班会——大国工匠的成功之路。工匠精神，是一种追求卓越、精益求精的精神，是我们国家走向强大、走向繁荣的重要支撑。

"大国工匠"不仅是一种荣誉，更是一种责任和使命。他们用自己的智慧和汗水，创造出一个个令人惊叹的精品，为国家繁荣和人民幸福做出了巨大的贡献。

今天，让我们一起走进大国工匠的世界，了解他们的成功之路，学习他们的工匠精神。让我们一起探讨如何将工匠精神融入我们的学习和生活中，成为我们成长的动力和源泉。

现在，让我们开始今天的主题班会吧！

（二）大国工匠的概念和价值

播放《大国工匠》纪录片，向学生讲解大国工匠的概念和特质，以及他们对社会和个人的价值。可以结合案例进行讲解，如航空工业工人李万君、焊接领域的专家高凤林等，让学生理解大国工匠的精神和技术要求。

大国工匠介绍

高凤林

他突破极限精度，将"龙的轨迹"划入太空。破解20载难题，让中国繁星映亮苍穹。焊花闪烁，岁月寒暑，他为火箭铸"心"，为民族筑梦（图3-1）。

一、有梦想

顾秋亮

一对慧眼、一双巧手。能判断头发丝直径1/50的误差，堪比精密仪器。工艺精湛，无惧重压，挺进神秘深海世界，以0.01毫米的精度为"蛟龙"点睛（图3-2）。

孙红梅

23年钻研创新，10年言传身教。在与焊枪的较劲中，她被称为战鹰"心脏"手术师。她一次次突破修理禁区，护航战鹰翱翔万里蓝天（图3-3）。

图3-1　高凤林 　　　　图3-2　顾秋亮 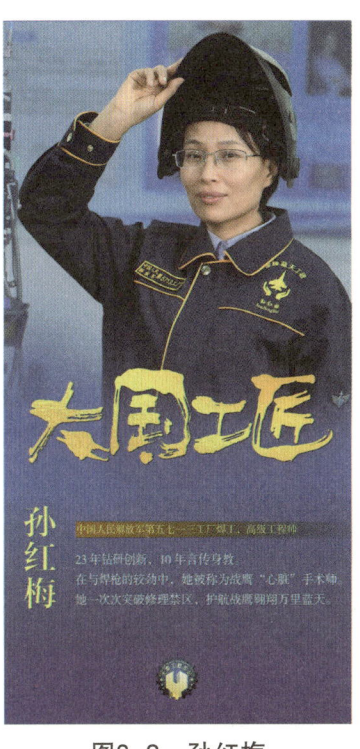　　　　图3-3　孙红梅

（三）工匠精神的培养

通过演示和讲解，引导学生了解工匠精神的内涵和实践。可以设计一些小练习或游戏，让学生亲身体验工匠精神的实质和重要性。

（四）小组讨论

让学生分组讨论大国工匠的成功之路对自己的启示和感受。通过小组讨论，培养学生的合作学习和思考能力，鼓励他们在未来的学习和生活中积极追求卓越，努力做出贡献。

活动结束

回顾总结：教师进行总结点评，强调大国工匠的重要性和价值，肯定学生的参与和表现，鼓励学生在未来的学习和生活中积极培养工匠精神，提高个人的职业技能和素质。同时也要引导学生认识到大国工匠是一种职业精神，需要不断地学习和实践才能不断提高。希望学生能够珍视学习大国工匠的机会，勇于尝试和实践，为个人和社会的发展做出更大的贡献。

布置作业：观看纪录片《大国工匠》。

二、炼内功

主题班会 22：乐学习

活动目标

（1）让学生认识到快乐学习的重要性，培养积极的学习态度。
（2）引导学生发现学习的乐趣，提高学习动力和兴趣。
（3）鼓励学生分享自己的学习方法和经验，促进学生之间互相学习和成长。

活动准备

（1）利用互联网，收集关于学习的案例和资料，包括成功和失败的案例。
（2）小组讨论"学习的重要性"，以增强学生的参与感，提高学生的思考能力。
（3）邀请一些在学习方面有经验的学生或教师分享他们的方法和经验。

活动过程

（一）开场白

在班会开始之前，主持人先介绍本次班会的主题和目的，引导学生进入主题。

主持人开场白示例

尊敬的老师，亲爱的同学们：

大家好！

今天，我们聚集在这里，召开一次主题班会——乐学习。学习是我们成长的重要途径，也是我们提升自己的关键。但是，学习并不只是为了应付考试，更是为了充实自己，为了更好地生活。

"乐学习"不仅仅是一种态度，更是一种生活方式。它告诉我们，学习应该是快乐的，应该是有趣的。只有当我们真正热爱学习，真正享受学习带来的乐趣时，我们才能真正学到知识，真正提升自己。

今天，让我们一起在这个主题班会中，探讨如何快乐地学习，如何让学习成为我们生活的一部分。让我们一起分享自己的学习经验，一起分享自己的学习乐趣。

现在，让我们开始今天的主题班会吧！

（二）讲解孔子游学

通过 PPT、视频等形式，向学生讲解快乐学习的重要性。可以结合案例进行讲解，如孔子游学等，让学生理解快乐学习对于个人成长和未来的影响。

"游学"一词较早见于司马迁《史记·春申君列传》，曰"游学博闻"，意指游学可以使人增长见识。

游学是古代士人等为增进知识、开阔眼界、获取信息、联络人脉乃至实现自身价值到异地游历和求知的教育文化活动。

"游学之事甚古，春秋之时已盛，及至战国。"由此可知，"游学"发轫和兴盛于春秋战国时期。而"自孔孟以来，士未有不游"，说明游学对历代文化发展意义重大，影响深远。

春秋战国时期游学的缘起

春秋战国时期，游学的主体是当时的"士人"，也称为"游士"。春秋之前，"士"为贵族一员，"大抵皆有职之人"。后来，社会动荡，游动加剧，士人队伍迅速发展壮大，并逐渐摆脱宗法等级制的束缚，最终形成相对独立的知识群体。

"士"的崛起，无疑得益于当时教育的发展，尤其是私学的兴盛。西周时期，教育在性质上有国学和乡学之别，在层次上有大学和小学之分。

然而，西周是一个等级社会，无论是"乡学"还是"大学"，大都是为贵族服务的，即所谓"学在官府"，普通的农、工、商阶层基本被排除在外。

公元前 770 年，周平王东迁洛邑，王权衰落，各诸侯国展开激烈的兼并和争霸，礼崩乐坏，王室遂卑，形成"天子失官，学在四夷"之局面。

在这一情势下，受过良好教育的没落贵族失去了以往的经济支撑，生活窘迫，成为新兴的"士"。

出于生计需要，这些人开始兴学收徒，传授知识，也因此成为私学兴盛的积极推动者。同时，一些庶民通过学习，拥有了一定的知识，加入新兴"士"的行列。

随着时间的推移，私学愈加兴盛，受教育对象的范围迅速扩大，最终形成了一个由拥有大量知识和才能的士人构成的特殊阶层，并成为游学活动的主体和主要推动者。

春秋中后期，随着世卿世禄被打破，世袭贵族日趋没落，新兴士人阶层开始崛起。此时，以孔子和墨子等人为中心的游学活动开始兴起，拉开了我国古代士人游学的序幕。

孔子是儒家学派的开创者，在其一生中，除了短暂的为官之外，游学占据了大量的时间。孔子"年少好礼"，很早就有孟懿子和南宫敬叔追随从学。孔子在鲁国做了很短一段时间的文书官后，就开始了其游学历程。孔子35岁时，又因鲁国内乱再次走上游学之路。

此次，孔子游于齐，其间与齐太师谈论乐理，"闻《韶》音，学之，三月不知肉味"。孔子在齐七年，归鲁后鉴于混乱而没有出仕，直到50岁才在鲁国主要专注于《诗》《书》《礼》《乐》的整理工作和收徒授业。

这段时间，前来求师拜学者众多，"弟子弥众，至自远方"。孔子50~56岁在鲁国参政约六年时间，随后又踏上了周游列国之途，时间长达十四年之久。

在这十四年间，孔子带领弟子先后游历卫、曹、郑、陈、蔡等国。归鲁后，孔子没有再入仕，一直以收徒授学为业，直至去世。

（三）乐学习实践分享

邀请一些在学习方面有经验的学生或教师分享他们的方法和经验。通过案例分享，让学生了解如何在实际的学习和生活中培养快乐学习的态度和方法。

（四）小组讨论

让学生分组讨论自己在快乐学习方面的经验和感受。通过小组讨论，培养学生的合作学习和思考能力，鼓励他们在未来的学习和生活中互相学习和成长。

活动结束

回顾总结：教师进行总结点评，强调快乐学习的重要性和价值，肯定学生的参与和

模块三　自我发展篇

表现，鼓励学生在未来的学习和生活中培养积极的学习态度和方法，提高个人的学习动力和兴趣。同时也要引导学生认识到快乐学习是一种能力，需要不断地学习和实践才能不断提高。希望学生能够珍视快乐学习的机会，勇于尝试和实践，为个人和社会的发展做出更大的贡献。

布置作业：现如今，很多人选择看短视频学习，分组讨论利用短视频学习的利与弊。

主题班会 23：勤实践

活动目标

（1）让学生认识到实践的重要性，理解实践是检验真理的唯一标准。

（2）培养学生的实践能力和动手能力，帮助学生提高解决问题的能力。

（3）引导学生积极参与到实践活动中，将理论知识与实践相结合，促进个人和团队的发展。

活动准备

（1）利用互联网，收集关于实践的案例和资料，包括成功和失败的案例。

（2）设计一些互动环节，如小组讨论、角色扮演等，以增强学生的参与感，提高学生的思考能力。

（3）邀请一些有实践经验的人员为学生提供专业指导和建议。

活动过程

（一）开场白

在班会开始之前，主持人介绍本次班会的主题和目的，引导学生进入主题。

主持人开场白示例

尊敬的老师，亲爱的同学们：

大家好！

今天，我们聚集在这里，召开一次主题班会——勤实践。实践既是检验真理的唯一标准，也是我们学习知识、提升能力的重要途径。只有通过不断地实践，我们才能真正掌握知识，才能真正提升能力。

"勤实践"不仅仅是一种方法，更是一种精神。它告诉我们，不要满足于理论知识，不要只是纸上谈兵，要积极地去实践，去探索。只有通过不断地实践，我们才能真正理解知识，才能真正掌握技能。

今天，让我们一起在这个主题班会中，学习如何实践，如何通过实践来提升自己。让我们一起分享自己的实践经验，一起探讨如何更好地实践。

现在，让我们开始今天的主题班会吧！

（二）实践的重要性

实践出真知。通过PPT、视频等形式，向学生讲解实践的重要性。可以结合案例进行讲解，让学生理解实践对于个人和社会的意义。

小故事

很久以前，有一个叫张三的年轻人，他一直梦想成为一名优秀的画家。每天，他都会花很多时间在画布上描绘自己心目中的美景。然而，张三发现，他的画作总是缺少一些真实感，仿佛缺少了生活的痕迹。

有一天，张三的朋友李四告诉他，真正的艺术来源于生活，只有通过实践才能获得更多的灵感。于是，张三决定走出画室，去体验真实的生活。

他开始去城市的各个角落，观察各种各样的人和事。他在市场里和商贩交谈，在公园里观察人们休闲的场景，还在路上遇到过各种突发事件。这些经历让张三感受到了生活的多样性和复杂性，他的画作也因此变得更加生动和真实。

经过一段时间的实践，张三的画作得到了更多人的认可和赞赏。他的画作不仅展现了美丽的景色，还融入了人物的情感和故事，让人感受到了生活的温度和深度。

这个故事告诉我们，实践是获得真知的重要途径。只有通过亲身经历和感受，我们

才能真正理解事物的本质和内涵。同样，对我们个人而言，只有不断地实践和尝试，才能不断提升自己的能力和认知水平，实现自我价值和梦想。

（三）实践能力培养

通过演示和讲解，向学生传授实践能力的培养方法。可以设计一些小练习或游戏环节，让学生亲身体验动手实践的实际意义。

（四）小组讨论

让学生分组讨论实践的重要性和自己的感受。通过小组讨论，培养学生的合作学习和思考能力，鼓励他们在未来的学习和生活中将理论知识与实践相结合。

活动结束

回顾总结：教师进行总结点评，强调实践的重要性和价值，肯定学生的参与和表现，鼓励学生在未来的学习和生活中积极培养实践能力，提高个人解决问题的能力。同时也要引导学生认识到实践是一种能力，需要不断地学习才能不断提高。

布置作业："实践出真知"，分组讨论自己是如何从实践当中学到真本领的。

主题班会 24：勇突破

活动目标

（1）让学生认识到勇于突破自我、尝试新事物的重要性。

（2）培养学生的创新意识和冒险精神，提高学生的创新能力。

（3）引导学生积极面对挑战，勇于突破自我，实现个人和团队的成长。

活动准备

（1）利用互联网，收集关于勇于突破自我、尝试新事物的案例和资料。

（2）设计一些互动环节，如小组讨论等，以增强学生的参与感，提高学生的思考能力。

（3）邀请一些勇于突破自我、尝试新事物的人员为学生提供专业指导和建议。

活动过程

（一）开场白

在班会开始之前，主持人介绍本次班会的主题和目的，引导学生进入主题。

主持人开场白示例

尊敬的老师，亲爱的同学们：

大家好！

今天，我们聚集在这里，召开一次特别的主题班会——勇突破。在生活中，我们总会遇到各种各样的困难和挑战，有些是我们无法避免的，有些是我们必须面对的。但是，无论面对何种困难，我们都要有勇气去面对，有决心去突破。

勇突破不仅仅是一种态度，更是一种精神。它告诉我们，不要害怕困难，不要逃避挑战，要勇敢地面对，积极地解决。只有通过不断地挑战，我们才能成长，才能进步。

今天，让我们一起在这个主题班会中，学习如何面对困难，如何突破挑战。让我们一起分享自己的故事，一起寻找解决问题的方法，一起成长。

现在，让我们开始今天的主题班会吧！

（二）勇突破的重要性

通过PPT、视频等形式，向学生讲解勇于突破自我、尝试新事物的重要性。可以结合案例进行讲解，让学生理解勇于突破对于个人和团队成功的重要性。

（三）创新意识和冒险精神培养

冒险精神是指自己在为自己设立目标之后，想方设法，不怕艰险而达到该目标的过程。冒险精神是敢于行动，不怕失败，勇于进取的态度。通过演示和讲解，向学生传授创新意识和冒险精神的概念和培养方法。可以设计一些小练习或游戏环节，让学生亲身体验勇于尝试新事物和突破自我的实际意义。

（四）勇于突破的实践案例分享

邀请一些勇于突破自我、尝试新事物的人员来分享他们的经历。通过案例分享，让学生了解如何在实际情况中勇于突破自我，实现个人和团队的成长。

美文欣赏

人生，就是一个不断交往自我的过程

种子要发芽，小鸟要破壳，虫儿要化蝶，金蝉要蜕变，凤凰要涅槃……

一切有生命的东西，只要想成长，只要想发展，只要想壮大，只要想发出生命的能量，达到理想的生存境界，无疑，都要想方设法突破自己，也都在千方百计突破自己。

是的，它们在突破自己的约束，突破自己的积习，突破自己的所谓"宿命"。因为，它们不能突破，就不能诞生；不能突破，就不能成长；不能突破，就不能成熟；不能突破，也就不能幸福，不能快乐，不能展现自己的美丽，不能实现自己的梦想，不能发热，不能闪光。

人，也同样如此。

人的一生，其实也就是一个生长、发展、壮大，逐渐走向成熟的过程。在这个过程中，人生面临的一个最大问题，其实就是能不能不断实现"突破自我"的问题。而且，这个问题，要伴随他的一生，直至生命结束。人，一旦不能再突破自己，生命的发展也就失去了动力，生命就会停滞不前，甚至开始衰弱、衰老、衰竭，生命的花朵就开始凋落。

小的时候，人要学习，突破自己生命的各种"空白"。

这个时期，是人的扎根期、生长期、成人期。人对一切都会感到新奇，感到陌

生，感到有吸引力。所以，儿童们最活跃，最天真，也最有生机和活力。在他们心中，不只要问一百个为什么，一千个为什么，还要问十万个为什么，问更多、更奇怪的为什么！在问的过程中，他们开始了解环境，了解自我，了解世界，开始积累点滴的知识，学习人生经验，填补思想上的空白，突破"未知"对生命带来的约束和限制。

到了青壮年，人要奋斗，突破自己生存的各种"压力"。

这个时期，是人的青春期、奋斗期、担当期，也是最佳的奉献期。人要面对很多问题，各种选择，多种考验，经受风吹雨打，甚至艰难困苦的磨炼。这个时期，人要学习、就业、工作，要恋爱、结婚、生子，要创新、创造、创业，要迎接各种挑战、克服各种困难、顶住各种生存和生活的压力。这就要通过一次次的自我突破，在学习中不断提高自己，在实践中不断提升自己，在奋斗中不断完善自己，最终达到思想境界、能力水平和工作业绩的全面进步。

进入老年，人要沉淀，突破自己积累的各种"习气"。

这个时期，是人的成熟期、结果期、总结期。这时，人除了要回顾自己一生的辉煌历程，总结宝贵的经验智慧，还要认真反思自己的过错，剖析原因，汲取教训，留给后人参考和借鉴。特别是一进入老年，人的思想很容易僵化、固执，甚至退化、迷信。这时，更要保持一种宽广无私的胸怀、积极乐观的心态和老而弥坚的意志品质，用高尚的道德、良好的威望，作为后世子孙学习的典范。为此，就仍然要不断学习、思考和感悟，努力突破各种陈旧落后思想和行为习惯的束缚，真正做到"活到老，学到老，改造到老"。只有勇于突破自己，才能永葆青春，永不落伍。

总之，突破自己，是一个永恒的人生话题。只有敢于、善于且能够很好地突破自己的人，才能砸碎来自内外的各种枷锁，勇立潮头，成为一个真正的强者，获得人生的光荣胜利。

（五）小组讨论

让学生分组讨论勇于突破自我、尝试新事物的经验和感受。通过小组讨论，培养学生的合作学习和思考能力，鼓励他们在未来的学习和生活中积极面对挑战，勇于突破自我。

活动结束

回顾总结：教师进行总结点评，强调勇于突破自我、尝试新事物的重要性和价值，肯定学生的参与和表现，鼓励学生在未来的学习和生活中积极培养创新意识和冒险精神，提高个人的创新能力。同时也要引导学生认识到勇于突破是一种能力，需要不断地学习和实践才能不断提高。

布置作业：在生活中，思考自己是否有打破自己纪录的事迹，并与大家分享。

三、求创新

主题班会 25：创新的意义

活动目标

（1）让学生了解创新的概念和内涵，理解创新的意义和价值。
（2）培养学生的创新意识和创新精神，提高学生的创新能力。
（3）引导学生积极应用创新思维，为个人和社会的发展做出贡献。

活动准备

（1）收集关于创新意义的资料和案例。
（2）设计一些互动环节，如小组讨论、角色扮演等，以增强学生的参与感，提高学生的思考能力。
（3）邀请一些在创新方面有经验的人员为学生提供专业指导和建议。

活动过程

（一）开场白

在班会开始之前，主持人先介绍本次班会的主题和目的，引导学生进入主题。

主持人开场白示例

尊敬的老师，亲爱的同学们，
大家好！
欢迎大家来到我们今天的主题班会。在我们的生活中，创新是推动我们向前发展的重要动力。我们身处的世界正在迅速变化，为了适应这些变化，我们需要具备创新思维和创新能力。今天，我们聚集在这里，就是为了深入探讨创新的意义，激发我们的创新精神，共同迎接未来的挑战。

（二）创新概念讲解

通过 PPT、视频等形式，向学生讲解创新的概念和内涵。可以结合案例进行讲解，让学生理解创新的定义和范围。

案例介绍

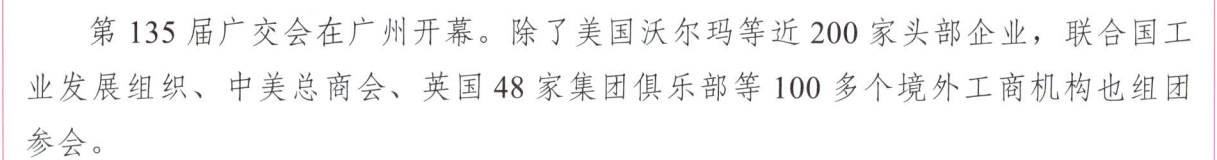

第 135 届广交会在广州开幕。除了美国沃尔玛等近 200 家头部企业，联合国工业发展组织、中美总商会、英国 48 家集团俱乐部等 100 多个境外工商机构也组团参会。

杰克·佩里此次率团赴广交会采购中国产品，尤为关注人工智能技术和相关创新产品，"这对我们企业发展来说非常重要，中国人工智能产品更新速度非常惊人，我们希望在广交会寻找这些创新产品"。

近年来，中国制造业加快智能转型的步伐，涌现大批技术创新企业，并持续通过广交会等平台，为全球提供了大量竞争力强、供应稳定的优质产品。

本届广交会中国参展企业 2.86 万家，其中国家级高新技术企业、制造业单项冠军企业、专精特新"小巨人"企业超过 5 500 家，比上届增长 20%。据广交会官方介绍，超过 50% 的中国参展企业积极应用人工智能、大数据分析等数字化技术改造生产运营。

本届广交会上，预计现场展出的新品超 100 万件、绿色低碳产品超 45 万件、自主知识产权产品超 25 万件；脑机接口智能仿生手、自动导航运输设备、人工智能翻译机等智能产品超 9 万件。

中国人工智能企业科大讯飞携讯飞星火认知大模型 V3.5，与其教育、汽车、城市等领域的应用和解决方案，以及多款智能软硬件亮相本届广交会。据科大讯飞有关负责人介绍，星火大模型加持下的多语种产品正在支撑中国汽车"走出去"，目前提供 23 种主流外语的车载语音解决方案。

在广交会"智慧生活"专区，参展企业近 200 家，覆盖智能家电、智慧教育、

三、求创新

智慧医疗等新兴细分领域，展现全球智慧生活新潮流。美的、海尔、志高等中国各大知名家电企业展出的空调、冰箱、洗衣机等产品，呈现出高效智能、绿色低碳的特点。

"广交会是展示中国品牌形象和扩大影响力的重要平台。"中国商务部国际贸易经济合作研究院研究员白明认为，近年来，高技术企业参展商不断增多，体现了中国先进生产力的高质量跃迁和中国制造技术含量的提升。这些新趋势将成为中国外贸提高竞争力的关键。

"扎堆"亮相的中国创新产品吸引了全球买家。据广交会官方15日晚通报，本届广交会首日境外采购商到会踊跃，截至当天17时线下到会已超6万人，来自全球205个国家和地区，到会人数比上届同期增长18.5%。

（三）创新的意义

创新，实际上是不走寻常路，是一种好的改变。通过演示和讲解，向学生讲解创新的意义和价值。可以结合案例进行讲解，如创新对于企业发展的重要性、创新对社会进步的推动作用等，让学生理解创新对个人和社会的重要性。

（四）创新实践案例分享

邀请一些在创新方面有实践经验的学生或教师分享他们的案例。通过案例的分享，让学生了解如何在实际情况中应用创新思维，提高创新能力。

（五）小组讨论

让学生分组讨论创新对于个人和社会的重要性。通过小组讨论，培养学生的合作学习和思考能力，鼓励他们在未来的学习和生活中积极应用创新思维。

活动结束

回顾总结：教师进行总结点评，强调创新的重要性和价值，肯定学生的参与和表现，鼓励大家在未来的学习和生活中积极培养创新意识和精神，提高个人的创新能力。

布置作业：关于创新，你有什么看法？试写一篇300字左右的小作文。

主题班会 26：创新的方法

活动目标

（1）让学生了解创新的重要性，理解创新的方法和途径。
（2）培养学生的创新思维，提高学生的创新能力。
（3）引导学生积极应用创新方法，解决学习和生活中的问题。

活动准备

（1）利用互联网，收集一些关于创新方法的资料和案例。
（2）设计一些互动环节，如小组讨论等，以增强学生的参与感，提高学生的思考能力。
（3）邀请一些在创新方法方面有经验的人员为学生提供专业指导和建议。

活动过程

（一）开场白

在班会开始之前，主持人先介绍本次班会的主题和目的，引导学生进入主题。

主持人开场白示例

尊敬的老师、亲爱的同学们：

大家好！

今天，我们齐聚一堂，共同探讨一个话题——创新方法。在这个飞速发展的时代，创新已不再是新鲜词语，而是推动社会进步的核心动力。我们所熟悉的许多事物，从日常生活中的小发明到引领行业变革的技术革新，都源于不断的创新思考与实践。

三、求创新

创新，不仅是个人的独特品质，更是我们班级、学校乃至整个社会不断进步的源泉。今天，就让我们一起走进创新的世界，探索其无穷魅力，共同寻找激发创意的钥匙。

（二）创新的重要性

通过PPT、视频等形式，向学生讲解创新的重要性和意义。可以结合案例进行讲解，让学生理解创新对于个人和社会的重要性。

拓展链接

以博物馆为首的景区文创持续出圈，吸引了越来越多的游客用"买买买"的方式为一趟旅行收官。一个掌心大小的冰箱贴或钥匙扣，在今天进化出镭射闪光、树脂浮雕、重工金属范儿等万千形态。这些有颜、有趣、有品的文创产品，承载的不仅是一段旅行的专属回忆，也倾注了景区景点独特的文化内涵和符号意义。

"文创"二字，文是骨血，创是灵魂。纵观出圈的文创单品，往往找到了在中华文化中的根与魂，精准拿捏住传统文化的器物之美与精神之美，引起新一代旅行者们强烈的文化认同。同时，在尊重历史与传承的基础上，博物馆等景区以古人之规矩，开自己之生面，将现代的设计融入历史的温度，凭借创意打动人心。

今天的文创商店，早已迈过了对书画瓷器进行简单复制粘贴的旅游纪念品阶段。通过捕捉年轻消费群体喜欢的符号、文化、语言，越来越多的文创产品找到了更具沉浸感与交互性的"打开方式"，盲盒类文创、美食文创、游戏等形态甚至衍生出了全新的社交场景。传统文化精髓借由文创这一载体"飞入寻常百姓家"，在愈发个性化、生活化的设计潮流之下，逐渐融入了衣食住行的日常生活。

（三）创新方法介绍

通过演示和讲解，向学生介绍一些常用的创新方法，如头脑风暴法、思维导图法、逆向思维法等。可以设计一些小练习或游戏环节，让学生亲身体验这些方法的实际应用。

（四）小组讨论

让学生分组讨论如何应用创新方法解决实际问题。通过小组讨论，培养学生的合作学习和思考能力，鼓励他们在未来的学习和生活中积极应用创新方法。

活动结束

回顾总结：教师进行总结点评，强调创新的重要性和价值，肯定学生的参与和表现，鼓励学生在未来的学习和生活中积极培养创新思维，提高个人的创新能力。

布置作业：请为学校、班级设想，有哪些地方可以创新，并写下你的建议。

主题班会 27：创新的实践

活动目标

（1）了解创新的概念和重要性，培养学生的创新意识。

（2）通过实践案例，让学生掌握创新的方法和技巧。

（3）引导学生积极参与到创新活动中，提升个人的创新能力。

活动准备

（1）利用互联网，收集关于创新实践的案例和资料。

（2）设计一些互动环节，如小组讨论等，以增强学生的参与感，提升学生的思考能力。

（3）邀请一些在创新方面有经验的人员为学生提供专业指导和建议。

三、求创新

活动过程

（一）开场白

在班会开始之前，主持人先介绍本次班会的主题和目的，引导学生进入主题。

主持人开场白示例

尊敬的老师、亲爱的同学们：

大家好！

在上一节班会中，我们一起探讨了创新的方法，了解了头脑风暴、逆向思维等创新方法。今天，我们将更进一步，将创新的理念付诸实践。

创新不仅仅是理论上的构想，更是实际操作中的探索与尝试。只有将创新的想法转化为实际行动，才能真正推动进步，为社会带来价值。

在接下来的时间里，我们将分组进行实践活动，运用所学创新方法来解决实际问题。希望每位同学都能积极参与，发挥自己的想象力和创造力，共同见证创意转化为现实的奇妙过程。

让我们一起跃入实践的海洋，探索创新的无限可能！

（二）介绍各地文创

通过PPT、视频等形式，向学生讲解创新的概念和重要性。可以结合案例进行讲解，让学生了解创新的力量和价值。

案例介绍

在博物馆文创界，故宫无疑是当之无愧的C位顶流，"来自故宫的礼物"（图3-4）受到了无数年轻人的追捧，爆款层出不穷。

近期走红的十二花神香膏以故宫博物院藏掐丝珐琅香盒为香膏器型，取花神衣为纹饰，高颜值陶瓷香膏盒釉上贴花，局部描金，极具东方美学。

一年十二个月，十二花神香膏依花期搭配不同香氛：正月玉兰、二月桃花、三月海棠、四月牡丹、五月石榴花、六月荷花、七月兰花、八月桂花、九月菊花、十月芙蓉、十一月月季、十二月梅花，以香气演绎中国式浪漫。

最热门的桂花款，揭开盒盖是扑面而来的清甜桂花香，如同要醉在秋风里。用指腹取少许香膏，均匀涂抹于耳后、手腕、锁骨等处，便能将来自故宫的味道随身携带。

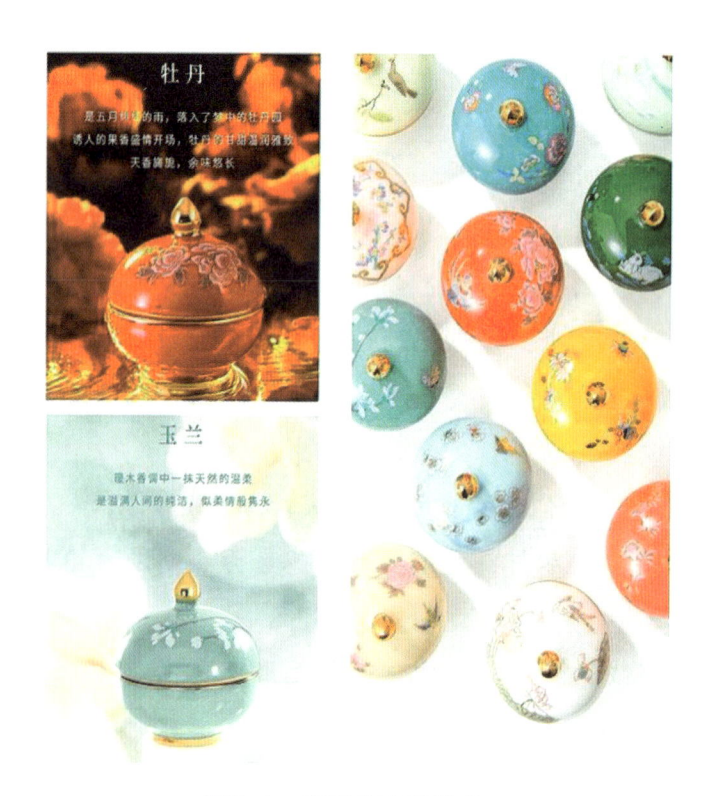

图3-4　来自故宫的礼物

长安有故里镭射烫金明信片——西安博物院

2023年西安博物院推出"长安有故里——丝路少年大唐行"展览，通过一名胡人少年在大唐长安游历时的所见、所闻、所感，呈现出一幅普通人视角下唐长安城的市井生活画卷。这名少年的原型正是西安博物院镇馆之宝唐三彩腾空马上的西域少年。

展览同名明信片一套6张，分别展示了"长安市 胡姬酒肆""长安市 长安金市""长安居 明德之门""长安寺 禅茶与百戏""长安郊 郊驰狩猎""长安郊 水边丽人"六个主题插画。

长安有故里系列明信片（图3-5）运用了镭射烫金工艺，使得图案华美无比，不同角度可以反射出不同的颜色，盛世画卷呼之欲出。

图3-5 长安有故里系列明信片

每张明信片背面还写有场景介绍，例如，"明德之门"标注着这是长安城的正南门，每天都有无数逐梦之人由此进入热闹喧腾的大唐之都，也有无数商队或士子旅人由此启程，经由丝绸之路沟通中西，或去远方寻找理想。

芙蓉石蟠螭耳炉冰箱贴——南京博物院

乾隆的喜好一向让人摸不着头脑，而南京博物院馆藏的一件乾隆时期的文物，称得上是一股清流，即通体粉红、晶莹剔透的芙蓉石蟠螭耳盖炉（图3-6）。

它由斯里兰卡进贡的一整块芙蓉石雕刻而出，腹部雕饰着两只蟠螭（一种盘曲的无角之龙）和铺首衔环耳，盖顶同样也装饰有四只小蟠螭，显得玲珑可爱，按照现代审美来形容是很有"少女心"。

图3-6 芙蓉石蟠螭耳盖炉

当下，南京博物院最出圈的文创产品当属这款芙蓉石蟠螭耳炉冰箱贴，网友亲切称呼其为"小粉炉"，时常有人在线求代购。

冰箱贴完美复刻了文物本尊莹润的质感，呈现透明的西瓜色，甚至还努力还原其天然纹理，炉身通透度各不相同，因此每一个都是独一无二的。

铁道记忆系列开瓶器冰箱贴——铁路12306

铁路不仅代表科技与速度，同时承载着文化与历史。小到更新换代的器物，大到革新的技术，具体到每条线路、站台、列车或是人物，都是百年来铁路故事的具体展现。

12306近期推出了"铁道记忆"系列蕴含铁路元素的文创产品，让更多人了解时光里的铁路故事。

旧时，铁路上Y岔道路口更改行进道路需要人工操作，这就是扳道工。铁道记忆系列开瓶器冰箱贴（图3-7）还原扳道工扳道时的样子，致敬"火车舵手"这个工种。"扳道工"旧时可以扳动铁轨，现在可以撬开瓶盖儿，装饰实用两不误。

手提信号灯的款式则提示着在物资匮乏的过去，老一辈人用煤油手提信号灯来警示火车进出站，以保障安全。

科技不断进步，煤油灯做信号灯、人工扳道岔的年代已经过去，这些小物件可以帮助我们铭记那些历史中闪耀的光芒。

图3-7 铁道记忆系列开瓶器冰箱贴

布艺杯垫——新疆博物馆

在新疆博物馆，馆藏中不乏五彩斑斓的织物和花纹，让人联想起广袤神秘的西域和这片热情鲜活的土地。设计师将承载了千年历史文化的文物与奇思妙想的创意设计融为一体，把新疆古墓出土的织物纹路还原在了布艺杯垫（图3-8）上，成为有颜有趣的日常物件。

此外，新疆草原上的一大历史人文景观"草原石人"，两面花纹相同但呈现颜色互异效果的红地对人兽树纹罽袍，骆驼纹、龙纹、鹿头纹、海兽纹、鸟纹等组成的山普拉神兽等，都成为极具新疆风情的杯垫元素。周边增加的一圈白色流苏让它们看起来更像是一幅挂毯。

图3-8 布艺杯垫

（三）创新方法介绍

通过演示和讲解，向学生介绍常用的创新方法，如头脑风暴法、逆向思维法等。可以设计一些小练习或游戏，让学生亲身体验这些方法的实际应用。

（四）小组讨论

让学生分组讨论如何应用创新方法解决实际问题。通过小组讨论，培养学生的合作学习和思考能力，鼓励他们在未来的学习和生活中积极应用创新方法。

活动结束

回顾总结：教师进行总结点评，强调创新的重要性和价值，肯定学生的参与和表现，鼓励学生在未来的学习和生活中积极培养创新意识，提高个人的创新能力。同时也要引导学生认识到，创新是一种能力，需要不断地学习和实践才能不断提高。希望学生能够珍惜创新的机会，勇于尝试和实践，为个人和社会的发展做出更大的贡献。

布置作业：现如今，潮玩、手办、动漫游戏周边等文化创意产品走进人们的视野，或小巧可爱，或精致美观，让人爱不释手。你是否想设计文创产品？写下你的设计创意。

健康生活篇　模块四

　　健康生活是一种积极的生活方式，它强调关注身体的健康、心理的平衡以及社会的和谐。在现代社会，随着生活节奏的加快和工作压力的增大，越来越多的人开始意识到健康生活的重要性。

　　健康生活是指有益于健康的习惯化的行为方式，具体表现为生活有规律，没有不良嗜好，讲究个人、环境和饮食卫生，讲科学、不迷信，平时注意保健，生病及时就医，积极参加有益的健康文体活动和社会活动等。

　　让健康改变生活！健康理念是人们所追求的，健康生活还有着"激励、创新、包容"的精神。

一、保安全

主题班会 28：没有安全就没有一切

活动目标

（1）让学生认识到安全的重要性，了解安全防范常识。
（2）培养学生的安全意识，提高学生的自我保护能力。
（3）引导学生珍爱生命，预防犯罪，共同维护校园安全。

活动准备

（1）利用互联网，收集相关的安全事故案例和资料。
（2）设计一些互动环节，如小组讨论、角色扮演等，以增强学生的参与感，提高学生的思考能力。
（3）邀请学校安全部门或相关人员为学生提供专业指导和讲解。

活动过程

（一）开场白

在班会开始之前，主持人介绍本次班会的主题和目的，引导学生进入主题。

主持人开场白示例

尊敬的老师、亲爱的同学们：

大家好！

今天我们聚集在这里，举行一次以"没有安全就没有一切"为主题的班会。

安全是每个人生活的重要组成部分，没有安全就没有一切。无论是在学校、家庭还

一、保安全

是社会中，我们都应该时刻关注安全问题，确保自己和他人的生命财产安全。

在本次主题班会上，我们将一起探讨安全的重要性，了解各种安全知识和技能。我们将学习如何预防火灾、地震等自然灾害，如何应对校园欺凌、网络安全等社会问题。同时，我们还将通过实践活动，提高自己的安全意识和应对能力。

通过这次班会，我们希望大家能够深刻认识到安全的重要性，树立正确的安全观念。让我们一起努力，为自己和他人的安全保驾护航，共同创造一个和谐、美好的社会环境！

（二）安全事故案例分享

通过 PPT、视频等形式，向学生展示一些校园内外的安全事故案例，如火灾、交通事故、抢劫等。通过案例讲解和讨论，让学生了解安全事故的危害和后果。

案 例

2023 年 5 月 9 日 5 时 30 分左右，福建泉州某专科学校一宿舍发生火灾，2 名学生在避险过程中受伤。

2022 年 6 月，江苏省镇江市一学校宿舍起火，消防救援人员接到报警后立即前往现场对火灾进行救援，该起事故未造成人员伤亡。火灾原因初步认定为未关闭的吹风机长时间烘干衣服所致。

某高校学生李×，平时喜欢戴着耳机边听音乐边走路。一天下午，他跟往常一样边听音乐边走路回宿舍，经过十字路口时，一辆小汽车从他左侧开过来，汽车鸣笛，他丝毫没有避让的意思，结果汽车刹车不及时，将其撞倒，造成李×左大腿骨折。

（三）安全防范常识讲解

针对学生日常生活中可能遇到的安全问题，如溺水、滑倒、火灾等，进行安全防范讲解和提醒。可以结合图片或视频进行演示，加深学生的印象。

（四）小组讨论

让学生分组讨论身边存在的安全隐患和应对方法。通过小组讨论，培养学生的合作学习和思考能力，提醒他们在未来的学习和生活中及时发现和解决安全隐患。

模块四　健康生活篇

（五）安全演练

根据实际情况，组织学生进行一次模拟演练，如火灾逃生、地震疏散等。通过演练，让学生掌握正确的逃生方法和技巧，增强他们的自我保护能力。

活动结束

回顾总结：教师进行总结点评，强调安全的重要性，肯定学生的参与和表现，告诫学生在未来的学习和生活中时刻牢记安全第一的原则。同时也要引导学生认识到，安全不仅关乎个人的生命财产安全，也是家庭和社会稳定的重要保障。希望学生能够珍爱生命，共同维护校园安全。

布置作业：安全无"火"校园的创建，需要我们共同努力、齐抓共管，才能防患于未"燃"。设计一张以安全为主题的海报。

主题班会 29：数字化的机遇与安全

活动目标

（1）了解数字化的机遇和挑战，以及网络安全的重要性。
（2）培养学生的数字化素养和安全意识，提高网络风险防范能力。
（3）引导学生以积极的态度面对数字化时代，合理利用网络资源，促进个人发展。

活动准备

（1）利用互联网，收集有关数字化机遇和安全问题的资料和案例。
（2）设计一些互动环节，如小组讨论、角色扮演等，以增强学生的参与感，提高学生的思考能力。

一、保安全

（3）邀请一些在数字化和网络安全方面有经验的专家为学生提供专业指导和建议。

活动过程

（一）开场白

在班会开始之前，主持人先介绍本次班会的主题和目的，引导学生进入主题。

主持人开场白示例

尊敬的老师、亲爱的同学们：

大家好！

今天我们聚集在这里，举行一次以"数字化的机遇与安全"为主题的班会。

随着科技的飞速发展，数字化已经渗透到我们生活的方方面面。数字化给我们带来了前所未有的机遇，同时也带来了新的挑战和安全问题。因此，我们需要正确看待数字化的机遇与安全，把握好数字化发展的方向。

首先，让我们来看看数字化的机遇。数字化为我们提供了更加便捷、高效的生活方式。无论是购物、社交、学习还是工作，数字化都让我们的生活变得更加丰富多彩。同时，数字化还为我们提供了更多的发展机会。在数字化时代，许多传统行业正在进行数字化转型，这也为我们的职业发展提供了更多的选择和机会。

其次，数字化的安全问题也不容忽视。随着数字化的普及，网络安全问题日益突出。网络攻击、数据泄露、个人信息泄露等事件屡见不鲜。因此，我们需要加强网络安全意识，掌握网络安全知识，保护好自己的个人信息和财产安全。

在本次主题班会上，我们将一起探讨数字化的机遇与安全问题。我们将了解数字化的发展趋势和前景，探讨如何在数字化时代把握机遇、应对挑战。同时，我们还将学习网络安全知识，提高网络安全意识，共同维护网络空间的和谐稳定。

最后，我希望大家能够认真对待这次主题班会，珍惜学习的机会。让我们一起努力，把握数字化的机遇，维护网络空间的安全，为建设更加美好的数字化世界贡献自己的力量！

（二）数字化机遇分析

通过 PPT、视频等形式，向学生讲解数字化时代带来的机遇和挑战。可以结合案例进行讲解，如互联网创业、电子商务等，让学生了解数字化时代的优势和可能的风险。

拓展链接

互联网带来的新机遇

1. 电商平台

电商是一个非常热门的网上创业项目，你可以通过电商平台在互联网上销售商品或服务，并与客户进行交互。你可以选择在已有的电商平台上建立自己的店铺，也可以自行搭建电商平台。

2. 网络咨询

网络咨询是一种在线咨询服务，它为客户提供了直接与专业人士交流的机会。包括医疗、法律、财务、管理、技术等方面的咨询服务，你可以根据你的背景和兴趣来选择需要提供的咨询服务。

3. 电子书出版

电子书出版是一种非常有前景的网上创业项目，可以通过出版电子书来实现盈利。你可以选择发布自己的电子书，如小说、经验分享等，也可以选择出版其他作者的电子书，并赚取佣金。

4. 在线教育

在线教育是一种越来越流行的网上创业项目，在这里你可以通过网络为客户提供有价值的知识和技能，还可以提供在线课程、培训视频、在线辅导等教育服务。

5. 互联网营销

互联网营销是一种将营销策略应用于互联网的方式，可以在网站、社交媒体、电子邮件等平台上推广产品或服务，并与客户建立联系。互联网营销的策略包括内容营销、搜索引擎优化、电子邮件营销等。

6. 移动应用开发

移动应用开发是一种可以创造长期收入的网上创业项目。你可以开发各种类型的应用程序，如游戏、社交媒体、工具等，并将其发布到各种应用商店中。

7. 在线数据输入

在线数据输入是一种可以在家中完成的网上创业项目，需要的只是一台电脑和互联网连接。你可以接收各种数据输入任务，如调查、问卷、表格等，然后将数据输入到电子表格中，并将其提交给客户。

8. 互联网培训

互联网培训为企业和个人提供在线培训和学习服务，可以加强员工的技能，提高员工的业务水平。你可以提供与工作相关的培训，如技术、管理和市场营销等，并通过在线视频、网络直播等形式进行培训。

（三）网络安全意识培养

通过演示和讲解，向学生普及网络安全知识，如密码安全、个人信息保护、网络购物安全等。可以设计一些场景或案例，让学生了解网络安全问题的严重性和防范措施。

案 例

2022年3月31日14时许，学生郭××接到一个陌生电话，对方自称是天猫客服，称其登记了天猫的商户信息，该商户信息会扣钱，如果解除这个商户信息需要双方填写一个回执单，然后对方自称转接到农业银行线路，说要做一个资产保护，学生向对方分别转账11 274元、1 900元，共13 174元，随后郭××发现被骗。

2023年1—3月，陈××通过境外通联软件联系境外诈骗团伙，以每小时200～250元的价格承接语音转接业务，陈××发展慕××等8名在校学生为团伙成员，使用团伙成员及其亲属名下电话卡，利用智能手机远程控制软件，为境外诈骗团伙提供语音转接服务，致使多人被骗。陈××等9名在校学生均被公安机关处以行政处罚。

（四）小组讨论

让学生分组讨论数字化时代的安全问题和应对策略。通过小组讨论，培养学生的合作学习和思考能力，鼓励他们在未来的学习和生活中积极应对数字化时代的挑战。

活动结束

回顾总结：教师进行总结点评，强调数字化机遇与安全的重要性和价值，肯定学生的参与和表现，鼓励学生在未来的学习和生活中积极面对数字化时代的挑战，提高自己的数字化素养和安全意识。同时也要引导学生认识到，数字化时代是一个充满机遇和挑战的时代，需要保持警惕，增强自我保护意识，共同维护网络空间的安全与稳定。

布置作业：分小组，围绕"人工智能是否会代替人类"开展辩论。

主题班会 30：国家安全记心间

活动目标

（1）了解国家安全的概念和重要性，以及当前国家安全的形势和挑战。
（2）培养学生的国家安全意识和责任感，树立正确的国家安全观。
（3）引导学生积极参与维护国家安全，为建设和谐稳定的社会做出贡献。

活动准备

（1）利用互联网，收集有关国家安全的相关资料和案例。
（2）设计一些互动环节，如小组讨论、角色扮演等，以增强学生的参与感，提高学生的思考能力。
（3）邀请一些相关领域的专家为学生提供专业指导和建议。

活动过程

（一）开场白

在班会开始之前，主持人先介绍本次班会的主题和目的，引导学生进入主题。

一、保安全

主持人开场白示例

尊敬的老师、亲爱的同学们：

大家好！

今天我们聚集在这里，举行一次以"国家安全记心间"为主题的班会。

国家安全是每个人的生命线，是我们不可或缺的一部分。然而，随着全球化和信息化的发展，国家安全面临着前所未有的挑战和威胁。因此，我们要时刻保持警惕，增强国家安全意识，共同维护国家的稳定和发展。

在本次主题班会上，我们将一起学习国家安全的相关知识，了解国家安全的内涵和重要性。同时，我们还会有针对性地开展活动和实践，帮助大家更好地理解和掌握国家安全技能。通过学习和实践，我们希望每位同学都能树立正确的国家安全观，提高自身的安全意识和防范能力。

最后，我想强调的是，国家安全是一个长期而复杂的过程，需要我们每个人积极参与和努力。希望大家能够认真对待这次主题班会，珍惜学习的机会，不断提高自己的综合素质和国家安全意识。让我们一起携手共进，为建设更加美好的祖国贡献自己的力量！

（二）国家安全知识讲解

通过 PPT、视频等形式，向学生讲解国家安全的概念、要素、重要性以及当前国家安全的形势和挑战。同时，可以结合具体案例进行讲解，加深学生对国家安全的理解。

1. 国家安全的含义

国家安全是指国家政权、主权、统一和领土完整、人民福祉、经济社会可持续发展和国家其他重大利益相对处于没有危险和不受内外威胁的状态，以及保障持续安全状态的能力。国家安全是民族复兴的根基，有利外部安全环境是党和国家兴旺发达、长治久安的依托。

在总体国家安全观理论体系下，国家安全就是一个国家所有国民、所有领域、所有方面、所有层级安全的总和。

2. 当代国家安全的基本内容

当代国家安全包括 16 个方面的基本内容：政治安全、国土安全、军事安全、经济安全、文化安全、社会安全、科技安全、网络安全、生态安全、资源安全、核安全、海外利益安全、生物安全、太空安全、极地安全、深海安全。

3. 全民国家安全教育日

全民国家安全教育日是为了增强全民国家安全意识，维护国家安全而设立的节日。2015年7月1日，全国人大常委会通过的《中华人民共和国国家安全法》第十四条规定，每年4月15日为全民国家安全教育日。

2024年4月，"国安宣工作室"发布了第九个全民国家安全教育日"总体国家安全观，创新引领10周年"官宣海报。树立国家安全意识，自觉关心、维护国家安全，是每个公民的基本义务。国家安全与民生密切相关，保障国家安全也是为了维护人民群众的权益和福祉。

案 例

"我是省国家安全厅侦察处的处长，你放心，有我在，保你没事。"这是李×冒充国家安全机关工作人员开展诈骗活动时的惯用话术。

目前，李×因冒充国家安全机关工作人员开展诈骗活动，已被有关部门依法采取刑事强制措施。

国家安全机关提示

国家安全机关是反间谍工作的主管机关，严格依照国家安全法、反间谍法和人民警察法等法律法规行使权力、履行职责。

国家安全机关是维护国家主权、安全、发展利益，建设和发展中国特色社会主义的特殊力量，国家安全机关人民警察是中国人民警察队伍的重要组成部分，国安干警是党和人民可以信赖的忠诚卫士，是甘于奉献的无名英雄。国家安全机关人民警察神圣不容亵渎。

人民警察的警用标志、制式服装、警械、证件为人民警察专用，其他个人和组织不得持有和使用。冒充国家安全机关人民警察，非法持有和使用警用标志、制式服装、警械、证件等行为将受到法律追究。

（三）小组讨论

让学生分组讨论如何维护国家安全，并提出具体的措施和建议。通过小组讨论，培养学生的合作学习和思考能力，鼓励他们在未来的学习和生活中积极参与到维护国家安全的工作中来。

（四）经验分享

邀请一些已经参与过维护国家安全工作或者了解相关知识的人员分享他们的经验和做法。通过他们的分享，让学生更加深入地了解如何在实际生活中落实国家安全意识。

活动结束

回顾总结：教师进行总结点评，强调国家安全的重要性，肯定学生的参与和表现，鼓励学生在未来的学习和生活中积极关注国家安全问题，为国家安全事业做出自己的贡献。同时也要引导学生认识到，维护国家安全不仅是国家的责任，也是每个公民的责任，需要每个人都积极参与进来。

布置作业：如果你发现有人拍摄我国军事基地，你会怎么做？

二、健身心

主题班会 31：远离毒品，健康生活

活动目标

（1）了解毒品对个人和社会的危害，以及吸毒对个人健康和社会稳定的影响。
（2）培养学生的自我保护意识和能力，树立正确的价值观和人生观。
（3）引导学生以积极的态度拒绝毒品，珍惜健康生活。

活动准备

（1）利用互联网，准备关于毒品危害的资料和案例。
（2）设计一些互动环节，如小组讨论、角色扮演等，以增强学生的参与感，提高学生的思考能力。
（3）邀请一些在禁毒宣传方面有经验的人员，为学生提供专业的指导和建议。

活动过程

（一）开场白

在班会开始之前，主持人介绍本次班会的主题和目的，引导学生进入主题。

主持人开场白示例

尊敬的老师、亲爱的同学们：

大家好！

今天我们聚集在这里，举行一次以"远离毒品，健康生活"为主题的班会。

毒品是人类社会的公害，它不仅危害个人健康，还会破坏家庭和社会秩序。因此，我们要坚决抵制毒品，保护自己和他人的健康。

二、健身心

首先，我们要认识到毒品对个人和社会的危害。毒品会损害我们的身体健康，导致各种疾病和并发症。同时，毒品还会破坏我们的心理健康，让我们失去理智和控制能力。此外，毒品还可能导致犯罪和暴力行为，给社会带来极大的危害。

其次，我们要了解如何远离毒品。我们要树立正确的价值观和人生观，明确自己的目标和追求。我们要养成良好的生活习惯，保持健康的生活方式。同时，我们还要学会拒绝诱惑，不轻易尝试未知的物质。

最后，我们要呼吁大家共同关注毒品问题，积极参与禁毒工作。我们要向身边的人宣传禁毒知识，提高他们的防范意识。同时，我们也要积极参与社会公益活动，为禁毒事业贡献自己的力量。

通过今天的主题班会，我们希望大家能够认识到毒品的危害，树立正确的价值观和人生观。让我们一起努力，远离毒品，健康生活！

（二）知识讲解

通过PPT、视频等形式，向学生讲解毒品的危害以及吸毒对个人健康和社会稳定的影响。同时，邀请专业的禁毒宣传人员，为学生提供专业的指导和建议。

毒品的危害

当今社会，"谈毒色变"。说起毒品的危害，可以概括为十二个字："毁灭自己，祸及家庭，危害社会"。

1. 毁灭自己

不同的毒品摄入体内，都有各自的毒副反应并产生戒断症状，对健康形成直接而严重的损害，甚至吸毒过量以至死亡。此外，由于毒品对消化系统、呼吸系统、心血管系统、免疫系统的影响，滥用毒品可导致多种并发症的发生。如急慢性肝炎、肺炎、败血症、心内膜炎、肾功能衰竭、心律失常、血栓性静脉炎、动脉炎、支气管炎、肺气肿、各种皮肤病、慢性器质性脑损害、中毒性精神病、性病及爱滋病。百年前就有诗曰"剜骨剔髓不用刀，请君夜吸相思膏"（相思膏，即鸦片）。

2. 祸及家庭

一个人一旦吸毒成瘾，就会人格丧失，道德沦落，为购买毒品耗尽正当收入后，就会变卖家产，四处举债，倾家荡产，六亲不认，"烟瘾一来人似狼，卖儿卖女不认娘"。家中只要有了一个吸毒者，从此全家就会永无宁日，就意味着这个家庭贫穷和充满矛盾

的开始。妻离子散，家破人亡往往就是吸毒者家庭的结局。

3. 危害社会

吸毒与犯罪如一对孪生兄弟。吸毒者为获毒资往往置道德、法律于不顾，越轨犯罪，严重危害人民生命与社会治安。据报道，在英国有一半吸毒者是靠犯罪获得买毒品的钱。吸毒者丧失工作能力与正常生活，对吸毒者的各种医疗费用，缉毒、戒毒力量的投入，药物滥用防治工作的开展，这些都给社会经济带来严重的损失。如今，吸毒成为社会痼疾，在全世界蔓延，人类社会因此背上了沉重的社会包袱。

（三）小组讨论

珍爱生命，远离"黄赌毒"。让学生分组讨论毒品对个人和社会的危害以及如何拒绝毒品。通过小组讨论，培养学生的合作学习和思考能力，鼓励他们在未来的学习和生活中积极拒绝毒品。

活动结束

回顾总结：教师进行总结点评，强调远离毒品的重要性和价值，肯定学生的参与和表现，鼓励学生在未来的学习和生活中积极拒绝毒品，珍惜健康生活。同时也要引导学生认识到，毒品是一种危害个人和社会稳定的物质，要时刻保持警惕，远离毒品。

布置作业：以《珍爱生命，远离黄赌毒》为主题，画一张手抄报。

主题班会 32：正确看待挫折

活动目标

（1）理解挫折的含义和价值。
（2）培养学生的抗挫能力和逆境意识。
（3）引导学生以积极的态度面对挫折，珍惜挫折带来的成长机会。

二、健身心

活动准备

（1）利用互联网，准备关于挫折的名言和案例。

（2）设计一些互动环节，如小组讨论、经验分享等，以增强学生的参与感，提高学生的思考能力。

（3）邀请一些在抗挫方面有突出表现的学生代表分享他们的经验和做法。

活动过程

（一）开场白

在班会开始之前，主持人介绍本次班会的主题和目的，引导学生进入主题。

主持人开场白

尊敬的老师、亲爱的同学们：

大家好！

今天我们聚集在这里，举行一次以"正确看待挫折"为主题的班会。

在我们的成长过程中，挫折是不可避免的一部分。无论是在学习、生活还是工作中，我们都会遇到各种各样的挫折。面对挫折，我们可能会感到失落、沮丧，甚至想要放弃。但是，挫折并不是终点，它只是我们成长道路上的一个挑战。

正确看待挫折，我们需要认识到挫折是我们成长的机会。挫折让我们学会如何面对困难、如何克服挑战。通过挫折，我们可以更加深入地了解自己，发现自己的不足，并努力改进。同时，挫折也让我们更加坚强和勇敢，让我们学会如何在逆境中保持冷静和乐观。

在面对挫折时，我们要学会积极应对。首先，要学会接受挫折的存在，不要逃避或否认它。其次，要积极寻找解决问题的方法，不要轻易放弃。最后，要保持积极的心态，相信自己能够克服困难并取得成功。

通过今天的主题班会，我们希望大家能够正确看待挫折，将其视为成长的机会而不是障碍。让我们一起努力，以积极的心态面对生活中的挑战和困难，不断成长和进步！

（二）名言解读

展示一些关于挫折的名言，让学生解读这些名言所表达的观点和意义。

名言警句

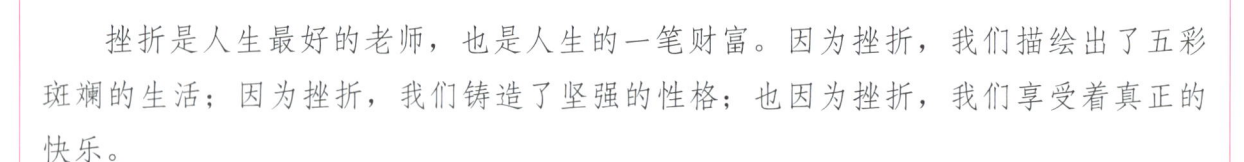

挫折是人生最好的老师，也是人生的一笔财富。因为挫折，我们描绘出了五彩斑斓的生活；因为挫折，我们铸造了坚强的性格；也因为挫折，我们享受着真正的快乐。

挫折是成功的磨刀石，坎坷是幸福的润滑剂。

是挫折使骨头变硬，是挫折使骨头发挥膂力，是挫折使人们变得不能征服。

每一种挫折或不利的突变是带着同样或较大的有利的种子。

（三）案例分享

失败并不可怕，可怕的是因为失败而一蹶不振。邀请一些在抗挫方面有突出表现的学生代表分享他们的经验和做法。通过他们的故事，让学生理解挫折的价值和如何面对挫折。

（四）小组讨论

让学生分组讨论挫折的含义和如何应对挫折。通过小组讨论，培养学生的合作学习和思考能力，鼓励他们在未来的学习和生活中积极面对挫折。

活动结束

回顾总结：教师进行总结点评，强调正确看待挫折的重要性和价值，肯定学生的参与和表现，鼓励学生在未来的学习和生活中积极面对挫折，珍惜挫折带来的成长机会。同时也要引导学生认识到，正确看待挫折不仅是学习中的一种要求，更是生活中的一种品质。

布置作业：人生并不会一帆风顺，我们应如何正确看待挫折？写出你的看法。

二、健身心

主题班会 33：青春期的秘密

活动目标

（1）了解青春期的生理和心理变化，以及如何应对青春期的烦恼和困惑。
（2）培养学生的自我保护意识和能力，树立正确的价值观和人生观。
（3）引导学生以积极的态度面对青春期的挑战，珍惜美好的青春时光。

活动准备

（1）利用互联网，准备一些关于青春期生理和心理变化的资料和案例。
（2）设计一些互动环节，如小组讨论、角色扮演等，以增强学生的参与感，提高学生的思考能力。
（3）邀请一些在青春期辅导方面有经验的心理咨询师或教师，为学生提供专业的指导和建议。

活动过程

（一）开场白

在班会开始之前，主持人介绍本次班会的主题和目的，引导学生进入主题。

主持人开场白示例

尊敬的老师、亲爱的同学们：

大家好！

今天我们聚集在这里，举行一次以"青春期的秘密"为主题的班会。

青春期是人一生中的一个重要阶段，也是一个充满变化和探索的时期。在这个时期，我们会有很多属于自己的秘密，有些可能是我们不愿与他人分享的。这些秘密可能是关于我们的情感、身体变化、人际关系等方面的，它们构成了我们青春期的独特经历。

117

然而，青春期的秘密并不总是负面的。它们也可能代表着我们的成长和探索，是我们逐渐认识自己、理解世界的过程。在这个过程中，我们需要学会如何处理这些秘密，如何保护自己的隐私，同时也要学会如何与他人建立信任和理解的关系。

通过今天的主题班会，我们希望能够引导大家正确看待青春期的秘密，理解它们的重要性，并学会如何处理和保护自己的隐私。同时，我们也希望能够帮助大家建立更加健康、积极的人际关系，让我们的青春更加美好和充实。

（二）知识讲解

通过 PPT、视频等形式，向学生讲解青春期的生理和心理变化，以及如何应对青春期的烦恼和困惑。同时，邀请专业的心理咨询师或教师，为学生提供专业的指导和建议。

案　例

某大学女生，今年大二，由于家庭经济困难，整个高中阶段，她都住在亲戚家里，因为成绩优异又听话，亲戚们也很照顾她。进入大学后，该女生很少与班上同学交流，独来独往，性格内向。长久以来，由于寝室同学之间存在着很大的性格差异，相处中出现了许多不和谐的问题。面对如此复杂的人际关系，她感到十分困惑，不知道怎样处理好人际关系。

分析：这是典型的大学生在人际交往上出现心理障碍的案例。常见的表现有：恐惧、自卑、孤僻、害羞、封闭、自傲、敌意等不正常的心理状态。

从高中到大学，青少年人际交往的范围不断扩大，生理和社会方面急剧变化，心理发展具有迅速、不稳定、不平衡的特点，容易从一个极端走向另一个极端，遇到诱发因素容易出现困惑、矛盾、冲突心理，进而引发情绪和行为障碍。

（三）小组讨论

让学生分组讨论自己在青春期遇到的困惑和烦恼，以及如何应对这些问题。通过小组讨论，培养学生的合作学习和思考能力，鼓励他们在未来的学习和生活中积极应对青春期的挑战。

二、健身心

活动结束

回顾总结：教师进行总结点评，强调青春期的生理和心理变化对个人成长的重要性以及如何应对青春期的挑战。同时也要引导学生认识到，青春期是一个宝贵的阶段，要珍惜美好的青春时光，以积极的态度面对挑战，实现自己的梦想和价值。

布置作业：写一篇关于自己小秘密的日记。

三、爱生活

主题班会 34：理性"追星"

活动目标

(1) 理解理性"追星"的含义及其重要性。
(2) 培养学生的批判思维和独立思考能力。
(3) 引导学生树立正确的价值观和人生观。

活动准备

邀请一些在理性"追星"方面有突出表现的学生代表分享他们的经验和感悟。

活动过程

（一）开场白

在班会开始之前，主持人先介绍本次班会的主题和目的，引导学生进入主题。

主持人开场白示例

尊敬的老师、亲爱的同学们：

大家好！

今天我们聚集在这里，举行一次以"理性'追星'"为主题的班会。

"追星"已经成为现代社会中一个普遍的现象。许多年轻人都有自己喜欢和崇拜的明星，他们关注明星的动态，欣赏明星的作品，甚至模仿明星的言行举止。然而，"追星"也需要理性对待，不能盲目跟风，更不能失去自我。

在"追星"的过程中，我们要保持理性和客观的态度。首先，我们要明确自己的价值观和目标，不要因为追星而忽略了自己的成长和发展。其次，我们要学会分辨是非，不要盲目相信或传播不实信息，以免受到误导或伤害。最后，我们要学会理性消费，不要因为追星而过度消费，给家庭带来经济负担。

同时，我们也要认识到"追星"并不是一种孤立的行为，它与我们的生活、学习、工作等方面都有密切的联系。因此，我们在追星的同时，也要注重自身的成长和发展，提高自己的综合素质和竞争力。

通过今天的主题班会，我们希望能够引导大家理性看待"追星"现象，树立正确的价值观和人生观。让我们一起努力，成为更好的自己！

（二）案例分析

展示一些关于盲目追星、过度崇拜明星的案例，让学生分析这些行为的对错，并讨论其背后的原因。通过案例分析，让学生认识到理性"追星"的重要性。

"追星"小故事

故事一

张籍对杜甫的追捧可谓是狂热，甚至可以说是疯狂。他是出了名的杜甫"脑残粉"，这么看可能觉得有点言重，但当你读了下面这个故事，你就明白为什么他有这个称号了。

在冯贽所著的《云仙散录》中曾记载：晚唐诗人张籍疯狂迷恋杜甫诗歌。曾把杜甫的名诗一首一首地写在纸上，然后一张一张地烧掉，将烧完的纸灰拌上蜂蜜，每天早上吃三匙。

某一天，张籍的朋友来找他玩，看到张籍正在拌纸灰，多少有点不理解，于是就问道："张籍，你为什么把杜甫的诗写下来再烧掉，然后又拌上蜂蜜吃了呢？"

张籍回答他："吃了杜甫的诗，我便能写出和杜甫一样的好诗了！"好友听了忍不住捧腹大笑。

故事二

杜甫是李白的忠实粉丝。在杜甫32岁时遇到了当时43岁的李白，虽然两个人相差将近11岁，但同样的怀才不遇让两人一见如故。

那年秋天，他们重逢于开封街头，实现了上次分别时的约定，一起在周围旅行了一段时间，短短几月的相处让二人愈发感叹与对方的意气相投。从杜甫留下的诗句中也可以看到两个相互欣赏的契合灵魂。

据不完全统计，杜甫一生所做诗词中与其偶像李白有关的诗词高达四十首，他将对李白的欣赏、仰慕记录下来在诗词里，流传至今。

（三）小组讨论

让学生分组讨论理性"追星"的含义和如何做到理性"追星"。通过小组讨论，培养学生的合作学习和思考能力，鼓励他们在未来的学习和生活中积极践行理性"追星"。

一些不理智的追星

1. 无偿提供私人信息

有些粉丝因为过度崇拜，不惜将自己的私人信息提供给明星或其经纪公司。

2. 粉丝借机偷拍

一些粉丝借机接近自己偶像，想拍摄明星不愿展示的隐私照，并通过网络传播。

3. 粉丝不顾周围安全

为了接近偶像或者得到更好的照片，一些粉丝不惜在公共场所推搡、拥挤及举高拍摄，很容易引发人身伤害、设施损坏等情况。

（四）感受分享

"追星"除了是对对方的喜爱，实际上也是要向对方学习。请学生聊聊自己的"偶像"，并说一说自己需要向其学习哪些地方。

活动结束

回顾总结：教师进行总结点评，强调理性"追星"的重要性和价值，肯定学生的参与和表现，鼓励学生在未来的学习和生活中积极践行理性"追星"，树立正确的价值观和人生观。

布置作业：你是否是"追星"一族？写下你喜欢的明星，以及你喜欢他（她）的原因。

三、爱生活

主题班会 35：要交两个"朋友"——运动场和图书馆

活动目标

（1）理解运动场和图书馆对个人成长的重要性。
（2）培养良好的运动习惯和阅读习惯。
（3）引导学生树立健康的生活方式和积极的学习态度。

活动准备

准备一些关于运动器材和图书资料，以供学生在班会上使用和交流。

活动过程

（一）开场白

在班会开始之前，主持人先介绍本次班会的主题和目的，引导学生进入主题。

主持人开场白示例

尊敬的老师、亲爱的同学们：

大家好！

今天我们聚集在这里，举行一次特别的主题班会。我们的主题是"要交两个'朋友'——运动场和图书馆"。

运动场和图书馆，是我们生活中不可或缺的两个场所。运动场让我们锻炼身体，保持健康；图书馆则让我们汲取知识，开拓视野。这两个"朋友"对我们的成长和发展都起着至关重要的作用。

在运动场上，我们可以挥洒汗水，释放压力，增强身体素质。运动不仅可以让我们拥有健康的身体，还能培养我们的团队合作精神和竞争意识。同时，运动还能帮助我们保持积极的心态，面对生活中的挑战和困难。

而在图书馆里，我们可以沉浸在知识的海洋中，探索未知的世界。图书馆是我们获取知识、提升自我、拓宽视野的重要场所。通过阅读书籍、学习知识，我们可以拓宽自己的视野，增强自己的综合素质，为未来的发展打下坚实的基础。

因此，我们要珍惜与运动场和图书馆这两个"朋友"的交往机会，充分利用它们为我们带来的好处。在运动场上锻炼身体，保持健康；在图书馆里汲取知识，开拓视野。这样我们才能更好地成长和发展，为未来的生活打下坚实的基础。

希望通过今天的主题班会，我们能够更加深入地认识到运动场和图书馆的重要性，更加珍惜与这两个"朋友"的交往机会。让我们一起努力，成为更好的自己！

（二）名言解读

运动可以强壮我们的体魄，阅读可以丰富我们的视野。展示一些关于运动和阅读的经典名言，让学生解读这些名言所表达的观点和意义。

名 言

读书是心灵的伸展，运动是身体的跃动，两者的结合则是生命全面绽放的基石。
运动与读书相辅相成，健康与智慧相互促进。拥抱人生，从这里开始！
运动让我们的身体更健康，阅读让我们的头脑更智慧。
通过运动，我们可以拥有健康的身体；通过阅读，我们可以拥有精彩的人生。

（三）案例分享

邀请一些在运动和阅读方面有突出表现的学生代表分享他们的经验和做法。通过他们的经历，让学生理解运动场和图书馆对个人成长的重要性，以及如何利用这两个"朋友"。

那些高校里的晨跑运动

复旦大学

复旦大学晨跑面向全体本科生，每学期（选修体育课的学期）12次，另有课外锻炼16次（含立定跳远、中长跑、引体向上、屈臂悬垂等）。采用刷校园一卡通的方式考勤，考勤时间为学期第3周到第14周的每天规定时间。

上海交通大学

上海交通大学鼓励师生在校期间保证日常的健康锻炼。学生利用手机 App 进行每日科学打卡保证基础运动量，同时将运动里程纳入体育课程的考核范围，男生每学期需打卡满 80 千米，女生每学期需打卡满 60 千米。

"3，2，1，跑步开始！"同学们利用课余时间在校园内健步道、体育场留下了奔跑的身影，每次打卡需要经过一个必经点与至少两个普通点，同学们经常结伴而行共同锻炼，在校园内挥洒汗水，留下印记。

同济大学

同济大学的晨跑队是由学生自发自愿组成的，晨跑时间为早上 6:30，早上晨跑里程为 3～4 千米，在晨跑活动中也会加入自重训练的一些动作，如侧跑、箭步蹲、深蹲、仰卧引体等，练习腿部力量及上肢力量。每天都会记录每一位队员的里程。

华东师范大学

为促进全校师生身体健康，提高师生的运动兴趣和热情，打造积极、健康、充满活力的校园体育氛围，华东师范大学于 2012 年成立 ECNU 公共体育俱乐部。经过不断地改革与完善，2017 年 9 月，已在两个校区全面开展并向全校师生开放。让学生在公共体育课程之余，能够有机会选择多元的体育项目锻炼身体。

（四）小组讨论

让学生分组讨论运动和阅读的好处以及如何培养良好的运动习惯和阅读习惯。通过小组讨论，培养学生的合作学习和思考能力，鼓励他们在未来的学习和生活中积极利用运动场和图书馆。

活动结束

回顾总结：教师进行总结点评，强调运动和阅读的重要性和价值，肯定学生的参与和表现，鼓励学生积极利用运动场和图书馆提高自己的综合素质。

布置作业：运动和阅读是人类的"好朋友"，思考并列出运动和阅读的好处。

模块四　健康生活篇

主题班会36:"幸福"是什么

活动目标

(1) 理解"幸福"的含义及其对人生的意义。
(2) 培养学生对生活的积极态度,懂得追求和享受幸福。
(3) 培养学生的情感智慧和人文关怀精神。

活动准备

(1) 利用互联网,准备关于"幸福"的经典名言和故事。

(2) 设计一些互动环节,如小组讨论、分享感受等,以增强学生的参与感,提高学生的思考能力。

(3) 邀请一些在追求和享受幸福方面有突出表现的学生代表分享他们的经验和感悟。

活动过程

(一) 开场白

在班会开始之前,主持人先介绍本次班会的主题和目的,引导学生进入主题。

主持人开场白示例

尊敬的老师,亲爱的同学们:

大家好!

今天我们聚集在这里,举行一次主题班会,探讨一个深刻而又永恒的话题——"幸福"是什么。

每个人都渴望拥有幸福,但是幸福却有着不同的定义和解读。对于有些人来说,幸福可能是拥有一个温馨的家庭,或者是一份满意的工作;对于有些人来说,幸福可能是拥有无限的知识和智慧,或者是能够自由地追求自己的梦想。

在今天的班会中，我们将通过分享、讨论和思考，尝试去解读"幸福"的含义。我们将听取每个人的故事和经历，了解不同的生活方式和价值观，以及它们如何影响我们对幸福的看法。

让我们一起用心去感受、去思考、去交流。相信通过这次班会，我们能够更加深入地理解幸福的含义，更加珍惜自己拥有的幸福，同时也更加努力地去追求属于自己的幸福。

（二）名言解读

对于口渴的人而言，幸福就是喝一杯水；对于饥饿的人来说，幸福可能就是吃一碗热腾腾的面。展示一些关于"幸福"的经典名言，让学生解读这些名言所表达的观点和意义。

名 言

安得广厦千万间，大庇天下寒士俱欢颜。——杜甫

想不付出任何代价而得到幸福，那是神话。——徐特立

（三）故事分享

邀请一些在追求和享受幸福方面有突出表现的学生代表分享他们的故事。通过他们的故事，让学生理解"幸福"的含义及其对人生的意义。

小故事

在一个小镇上，住着一对快乐的夫妇，他们叫乔治和玛丽。乔治是个油漆匠，而玛丽则在一家医院工作。虽然他们并不富裕，但他们的生活却充满了幸福和爱。

乔治和玛丽的幸福秘诀是他们每天都做一些小事来增加彼此的幸福感。每天早晨，乔治会为玛丽泡好一杯热茶，而玛丽则会在乔治出门工作时为他准备一份美味的午餐。当他们回到家时，他们会一起为对方讲述自己的一天，然后一起享受一顿简单的晚餐。

他们的邻居们也感受到了这种幸福。有一天，一个年轻人问乔治和玛丽："你们是如何保持幸福的？"乔治回答说："我们的幸福就像是一杯茶，虽然它不是最昂贵的，但它是温暖的，可以带给人们安慰和快乐。"

年轻人听了乔治的话，深受感动。他意识到，幸福不是取决于你拥有多少财富，而是取决于你每天做的一些小事。于是，年轻人开始尝试着与家人和朋友分享爱与幸福。他发现，当他学会分享和用心感受之后，他变得更加快乐和满足。

（四）小组讨论

让学生分组讨论"幸福"的含义以及如何追求和享受幸福。通过小组讨论，培养学生的合作学习和思考能力，鼓励他们在未来的学习和生活中积极追求和享受幸福。

活动结束

回顾总结：教师进行总结点评，强调"幸福"的重要性和价值，肯定学生的参与和表现，鼓励学生积极追求和享受幸福。

布置作业：我们今天的幸福生活来之不易，请写一篇关于"幸福"的短文。

责任担当　模块五

　　责任与担当是两个紧密相关的概念。责任是指一个人或组织应该承担的义务和职责，而担当则是指一个人或组织在面对困难、挑战或危机时，能够积极应对、主动承担责任，以解决问题并实现目标。

　　对于个人而言，责任与担当是个人品质的重要组成部分。一个有责任感的人会认真对待自己的工作、学习、生活等方面的任务，尽自己最大的努力去完成，并承担由此产生的后果。而一个有担当的人则会在面对困难和挑战时，不退缩、不逃避，积极寻找解决问题的方法，以实际行动证明自己的价值和能力。

　　对于组织而言，责任与担当也是其生存和发展的关键因素。一个有责任感的组织会认真履行其社会职责，为社会做出积极的贡献。而一个有担当的组织则会在面对危机或挑战时，能够迅速应对、积极调整，以保持其稳定和发展。

　　总之，责任与担当是一个人或组织必须具备的重要品质。只有具备了这些品质，才能在社会中立足并取得成功。

一、能自主

主题班会37：自己的事自己做

活动目标

（1）理解"自己的事自己做"的含义和重要性。
（2）培养学生的独立性和自我管理能力。
（3）引导学生学会承担责任，积极面对生活。

活动准备

（1）利用互联网，准备关于"自己的事自己做"的经典名言和案例。
（2）设计一些活动环节，如自我展示、经验分享等，以增强学生的参与感，提高学生的思考能力。
（3）邀请一些在独立性和自我管理方面有突出表现的学生代表分享他们的经验和做法。

活动过程

（一）开场白

在班会开始之前，主持人先介绍本次班会的主题和目的，引导学生进入主题。

主持人开场白示例

尊敬的老师，亲爱的同学们：

大家好！

今天我们聚集在这里，举行一次主题班会——自己的事自己做。

自己的事自己做是一种自主、自立的精神，它强调我们要学会自己承担责任，自己解决问题，自己完成自己的任务。这种精神是我们成长、进步的重要基础。

一、能自主

在生活中，我们时常会遇到各种问题和挑战。有时候，我们需要他人的帮助和支持；有时候，我们也需要为他人提供帮助和支持。但是，最终解决问题和克服挑战的还是我们自己。只有当我们真正理解并实践"自己的事自己做"的精神时，我们才能建立自信、自立、自强的独立人格。

在今天的班会中，我们将一起探讨"自己的事自己做"的精神内涵，学习如何在日常生活中实践这种精神。我们也将分享我们的故事和经历，了解如何在自己解决问题的过程中获得成就感和自信心。

让我们一起努力，将"自己的事自己做"的精神内化为我们的行为准则，为自己的成长和发展打下坚实的基础！

（二）名言解读

展示一些关于"自己的事自己做"的经典名言，让学生解读这些名言所表达的观点和意义。

谚　语

自己的事情，自己干。靠人，靠天，靠祖上，都不算好汉。

不要害怕尝试和失败，自己的事情自己干，才能真正发掘自己的潜力和创造属于自己的成功。

"自己的路自己走。"这句话从小到大一直陪伴着我们，时刻提醒着我们不要过于依赖别人，自己的事情自己做。

（三）案例分享

邀请一些在独立性和自我管理方面有突出表现的学生代表分享他们的经验和做法。通过他们的故事，让学生理解"自己的事自己做"的重要性和实践方法。

案　例

小张（化名）的成绩一直很优秀。为了让他能集中精力学习，学习以外的任何事情，父母都会替小张去做。高中毕业时，早已习惯饭来张口、衣来伸手的他连自己的袜子都未曾洗过。

高考后，小张以优异成绩考上了某大学。开学不久，他就遇到了许多困难：不会买饭、洗衣，经常找不到上课的教室，也不知如何与同学相处。虽然好心的同学不断帮助

模块五 责任担当

他，但还是难以解决他的适应问题。无奈之下，他只好提出休学，学校根据他入学后的表现同意了他的请求。

（四）活动展示

让学生分组进行"自己的事自己做"的活动展示。例如，一组学生展示如何自己动手制作手工艺品；另一组学生展示如何自己制订并执行学习计划等。通过活动展示，让学生更加深入地理解"自己的事自己做"的含义和重要性。

（五）经验分享

邀请一些已经养成良好习惯的学生分享他们"自己的事自己做"的经验和做法。通过他们的分享，让学生更加了解如何在实际生活中落实"自己的事自己做"的理念，丰富自己的生活内容，培养独立的生活能力。引导学生在学校主动分担班级工作，多参加集体活动，学会帮助他人，学会面对问题和独立解决问题；在家里，自己能做的事就自己做，不做"小地主""小公主"，更不能把什么事都推给父母。

活动结束

回顾总结：教师进行总结点评，强调"自己的事自己做"的重要性和价值，肯定学生的参与和表现，鼓励学生积极培养独立性和自我管理能力。

布置作业：写一篇关于"自己的事自己做"的短文，300字左右。

主题班会 38：养成良好习惯

活动目标

（1）理解良好习惯对个人发展的重要性。
（2）学习和探讨良好习惯的养成方法。
（3）培养学生的自我管理能力，促进学生个人成长。

一、能自主

活动准备

（1）利用互联网，准备关于良好习惯的名言和案例。

（2）设计一些互动环节，如小组讨论、经验分享等，以增强学生的参与感，提高学生的思考能力。

（3）邀请一些在习惯养成方面有良好表现的学生代表分享他们的经验和做法。

活动过程

（一）开场白

在班会开始之前，主持人先介绍本次班会的主题和目的，引导学生进入主题。

主持人开场白示例

尊敬的老师，亲爱的同学们：

大家好！

今天我们聚集在这里，举行一次主题班会——养成良好习惯。

习惯是我们日常生活中最为常见的行为方式，它塑造了我们的性格，影响了我们的生活。良好的习惯可以让我们更加高效、健康、快乐地生活，而不良的习惯则可能阻碍我们的成长和发展。

在今天的班会中，我们将一起探讨如何养成良好习惯，克服不良习惯。我们将通过案例分析、小组讨论、经验分享等方式，了解良好习惯的重要性，学习如何培养良好的习惯，以及如何克服不良的习惯。

让我们一起行动起来，从生活的点滴小事做起，逐步养成良好的习惯。相信只要我们坚持不懈地努力，我们一定能够成为自己生活的主宰者，创造更加美好的未来。

（二）名言解读

在日常生活中，学生有很多不好的习惯，如随地吐痰等。展示一些关于良好习惯的名言，让学生解读这些名言所表达的观点和意义。

名 言

良好的习惯能改变我们的人生，一旦养成，便可终身受益。

多一个好习惯，就多一份自信；多一个好习惯，就多一份成功的机会；多一个好习惯，就多一份享受生活的能力。

"精诚所至，金石为开。"这句古老的名言提醒我们，持之以恒是培养良好习惯的关键。只有坚定的决心和持久的努力，才能形成深刻而且具有永久性的习惯。

（三）案例分享

良好的习惯涉及方方面面。邀请一些在习惯养成方面有良好表现的学生代表分享他们的经验和做法。通过他们的故事，让学生理解良好习惯对个人发展的重要性以及如何养成良好习惯。

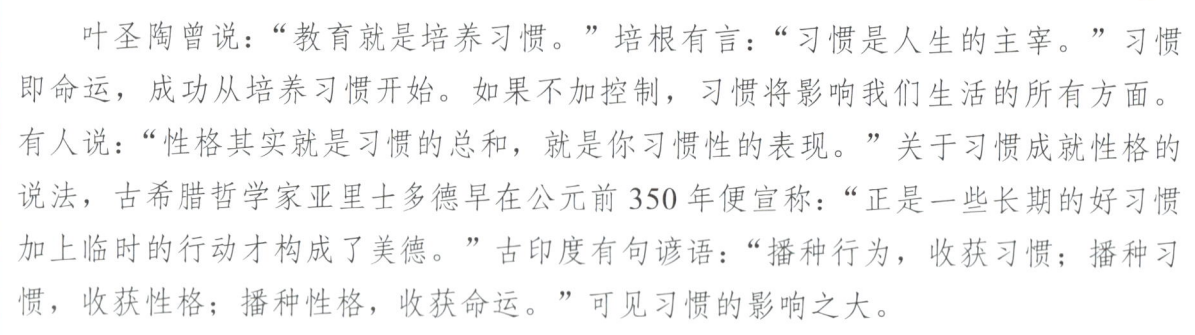

知识拓展

叶圣陶曾说："教育就是培养习惯。"培根有言："习惯是人生的主宰。"习惯即命运，成功从培养习惯开始。如果不加控制，习惯将影响我们生活的所有方面。有人说："性格其实就是习惯的总和，就是你习惯性的表现。"关于习惯成就性格的说法，古希腊哲学家亚里士多德早在公元前350年便宣称："正是一些长期的好习惯加上临时的行动才构成了美德。"古印度有句谚语："播种行为，收获习惯；播种习惯，收获性格；播种性格，收获命运。"可见习惯的影响之大。

所有成功人士都有一个共性，那就是，基于良好习惯构造的日常行为规律。各个领域中的杰出人士——成功的运动员、律师、政客、医生、企业家、音乐家、教育家、销售员，以及其他专业领域中的佼佼者，在他们的身上都有一个共性，那就是良好的习惯。

正是这些好习惯，帮助他们开发出更多的与生俱来的潜能。正因为习惯的力量是如此之大，所以我们要养成良好的习惯以助力自己成功。

健康人生的基础是良好行为习惯的培养，不管是美好的品德，还是较强的学习能力，一切都基于良好习惯的培养。

一只木桶盛水的多少，主要取决于最短的木板，而不取决于最长的木板。人的失败往往由于自己的某种缺陷所致。那么，好的习惯就是人们走向成功的钥匙，而坏的习惯则是通向失败的门。

一、能自主

（四）小组讨论

让学生分组讨论良好习惯的养成方法。通过小组讨论，培养学生的合作学习和思考能力，鼓励他们在未来的学习和生活中积极养成良好习惯。

活动结束

回顾总结：教师进行总结点评，强调良好习惯对个人发展的重要性，以及如何养成良好习惯。同时也要引导学生认识到，良好习惯的养成需要长期的坚持和努力，鼓励学生从现在开始，逐步养成良好的习惯。

布置作业：分组讨论：为什么要养成良好的习惯？

主题班会39：我为人人，人人为我

活动目标

（1）理解"我为人人，人人为我"的含义及其相互关系。
（2）通过具体案例和活动，培养学生的团队合作和奉献精神。
（3）引导学生懂得在帮助他人的同时，也能获得内心的满足和成长。

活动准备

（1）利用互联网，准备一些关于"我为人人，人人为我"的经典名言和案例。
（2）设计一些互动环节，如小组讨论、角色扮演等，以增强学生的参与感，提高学生的思考能力。
（3）邀请一些在社会服务、志愿活动等方面有突出表现的学生代表分享他们的经历和感悟。

模块五 责任担当

活动过程

（一）开场白

主持人介绍本次班会的主题和目的，引导学生进入主题。

主持人开场白示例

尊敬的老师，亲爱的同学们：

大家好！

今天我们聚集在这里，举行一次特别的主题班会——我为人人，人人为我。

"我为人人，人人为我"是一种互助、互爱的精神，它强调每个人都要关心他人，为他人着想，同时也期望他人能够为自己着想。这种精神是社会和谐、进步的重要基石。

在生活中，我们时常会遇到各种困难和挑战。有时候，我们需要他人的帮助和支持；有时候，我们也需要为他人提供帮助和支持。只有当我们真正理解并实践"我为人人，人人为我"的精神时，我们才能建立起一个互相帮助、互相支持的和谐社会。

在今天的班会中，我们将一起探讨"我为人人，人人为我"的精神内涵，学习如何在日常生活中实践这种精神。我们也将分享自己的故事和经历，了解如何在困难时期得到他人的帮助和支持，以及如何为他人提供帮助和支持。

让我们一起努力，将"我为人人，人人为我"的精神内化为每个人的行为准则，为构建一个更加和谐、美好的社会贡献自己的力量！

（二）案例分享

邀请一些在社会服务、志愿活动等方面有突出表现的学生代表分享他们的经历和感悟。通过他们的故事，让学生理解"我为人人，人人为我"的真正含义和实践价值。

知识拓展

联合国把每年的12月5日定为世界的义工日。其目的是鼓励全球各地政府及团体，于当天共同表彰义务工作人员对社会所做的贡献，并借此提醒社会人士积极支持及参与义务工作。

一、能自主

> 义工活动范围一般涉及助学、助老、助残、其他弱势群体关注、青少年问题关注、环保以及一些社会公益性宣传活动。
>
> 助学义工一般工作主要为参与收集调查贫困学生资料、整理贫困学生资料、宣传助学活动、募集助学款、助学后续工作跟进等。
>
> 助老一般为进入社区或者敬老院，给老人一些情感的关怀、为老人做一些力所能及的事情等。
>
> 助残包括为宣传全社会公众平等对待残疾人，协助残疾人学习基本生活技能，促进减少社会公众与残疾人的交流障碍等。
>
> 弱势群体关注包括贫困重症患者募捐救助、流浪人员物资关怀等。
>
> 青少年问题关注包括单亲家庭青少年关爱、问题家庭青少年关爱、家庭暴力干涉、孤儿关爱等。
>
> 环保包括环境保护宣传工作以及一些身体力行的环境保护活动开展等。
>
> 社会公益性宣传活动一般包括献血、遗体捐赠、戒毒等宣传。

（三）小组讨论

让学生分组讨论"我为人人，人人为我"的含义和实践方法。通过小组讨论，培养学生的合作学习和思考能力，鼓励他们在未来的学习和生活中积极奉献他人，同时从中获得内心的满足和成长。

（四）角色扮演

设计一些角色扮演环节，让学生模拟参与社会服务、志愿活动的场景。通过角色扮演，增强学生的参与感和实践能力，培养他们的团队合作和奉献精神。

活动结束

回顾总结：教师进行总结点评，强调"我为人人，人人为我"的重要性和价值，肯定学生的参与和表现，鼓励学生积极奉献他人，提高自身的团队合作和奉献精神。

布置作业：组织学生参加公益活动。例如，到市儿童福利院开展"献爱心 送温暖"活动。

二、勇担当

主题班会 40：纪律与自由的思与辩

活动目标

(1) 理解纪律和自由的概念及相互关系。
(2) 培养学生在尊重纪律的同时，也珍视自由的价值。
(3) 培养学生的批判性思维和辩论能力。

活动准备

(1) 利用互联网，准备关于纪律和自由的经典名言和案例。
(2) 设计一些问题，引发学生对纪律和自由的思考。
(3) 邀请学生准备参加关于纪律与自由的辩论，分为正反方两组。

活动过程

（一）开场白

在班会开始之前，主持人先介绍本次班会的主题和目的，引导学生进入主题。

主持人开场白示例

尊敬的老师，亲爱的同学们：

大家好！

今天我们聚集在这里，举行一次主题班会——纪律与自由的思与辩。

纪律与自由是我们在生活中经常面对的两个概念，它们之间的关系复杂而微妙。纪律可以保障我们的行为规范，提高我们的效率，但也可能限制我们的自由；自由可以让我们更好地表达自己，追求梦想，但也可能导致混乱和无序。

因此，纪律与自由之间的平衡成为一个值得我们深入思考的问题。在今天的班会中，我们将围绕这个主题展开讨论，探讨纪律与自由的重要性，以及如何在实践中找到它们的平衡点。

让我们一起用智慧和勇气去面对这个问题，分享自己的观点和见解，共同寻找答案。相信通过这次班会，我们能够更加深入地理解纪律与自由的关系，更好地把握自己的生活。

（二）名言解读

对于纪律，我们要努力做到学纪、知纪、明纪、守纪，自觉增强纪律意识，加强自我约束。展示一些关于纪律和自由的经典名言，例如，没有规矩，不成方圆，让学生解读这些名言所表达的观点和意义。

名　言

自由固不是钱所买到的，但能够为钱而卖掉。——鲁迅

矩不正，不可为方；规不正，不可为圆。——淮南子

家有常业，虽饥不饿；国有常法，虽危不乱。——韩非子

（三）案例分析

展示一些关于纪律和自由的案例，让学生分析并讨论这些案例中纪律和自由的关系。例如，学校规定学生必须穿校服是侵犯了学生的自由吗？一个学生在课堂上自由发言的权利是否应该受到限制？等等。

（四）自由辩论

将学生分成正反方两组，进行一场关于纪律与自由的辩论。正方观点可以是"纪律比自由更重要"，反方观点可以是"自由比纪律更重要"。让学生们准备并进行辩论，主持人引导并鼓励他们积极发表观点，同时注意维护辩论的规则和秩序。

活动结束

回顾总结：教师进行总结点评，回顾本次班会的主要内容和目标，再次强调纪律和自由的重要性，并且强调纪律和自由都是重要的价值观，但在不同的情境下，它们的优先级可能会有所不同。同时也要引导学生认识到，在现实生活中，我们需要学会平衡纪律和自由的关系，并能够根据具体情况做出正确的选择。

布置作业：中职学生应遵守的纪律有哪些？

主题目标41：义与利的抉择

活动目标

（1）理解"义"与"利"的概念及其关系。
（2）培养学生在面对义与利的选择时，能够坚守道德和正义。
（3）引导学生正确看待利益与道义，培养正确的价值观。

活动准备

（1）利用互联网，准备一些关于"义"与"利"的经典名言和故事。
（2）设计一些贴近学生生活的情境案例，以帮助他们更好地理解"义"与"利"的抉择。
（3）邀请学生准备一些和"义"与"利"相关的亲身经历或所见所闻，以便在班会上分享。

活动过程

（一）开场白

在班会开始之前，主持人简要介绍本次班会的主题和目的，引导学生进入主题。

主持人开场白示例

尊敬的老师，亲爱的同学们：

大家好！

今天我们聚集在这里，讨论一个深刻而重要的话题——义与利的抉择。

在我们的生活中，经常会面临这样的选择：是追求个人利益，还是坚守道义原则？这个问题困扰了许多人，也引发了广泛的讨论。

在这个主题班会中，我们将深入探讨义与利的关系，以及如何在面对抉择时做出正确的选择。我们将通过案例分析、小组讨论、角色扮演等方式，共同思考这个问题，并寻找答案。

让我们一起思考，一起讨论，一起成长。希望通过这次班会，我们能够更加明确自己的价值观，更加坚定自己的信念，更加勇敢地面对生活中的挑战。

（二）"义"与"利"

"义"通常指道德准则、正义、无私奉献等，而"利"则指实际利益、个人得失等。通过名言、故事等资料，让学生了解"义"与"利"的基本概念。引导学生认识到，不能见利忘义（语出《汉书》，比喻为了一己私利，而不顾正义和道义）；而应见利思义（源自《论语》，意为看见钱财利益就想到道义，指在面对利益和道义冲突时，以道义为重，以利益为次的做法）。

名言警句

1. 人生自古谁无死，留取丹心照汗青。——文天祥《过零丁洋》
2. 生，我所欲也；义，亦我所欲也；二者不可得兼，舍生而取义者也。——孟子
3. 人固有一死，或重如泰山，或轻如鸿毛。——司马迁
4. 生当作人杰，死亦为鬼雄。——李清照《夏日绝句》
5. 苟利国家生死以，岂因祸福避趋之。——林则徐
6. 生存还是毁灭，这是一个值得考虑的问题。——莎士比亚
7. 取义成仁今日事，人间遍种自由花。——陈毅《梅岭三章》
8. 君子以义死难，视死如归。——司马迁
9. 富贵不能淫，贫贱不能移，威武不能屈，此之谓大丈夫。——孟子

（三）情境案例分析

呈现一些具体的情境案例，让学生分析并讨论在这些情境中如何进行"义"与"利"的抉择。例如，捡到钱包后如何处理？在考试中遇到作弊的诱惑时，应该如何选择？等等。

拓展链接

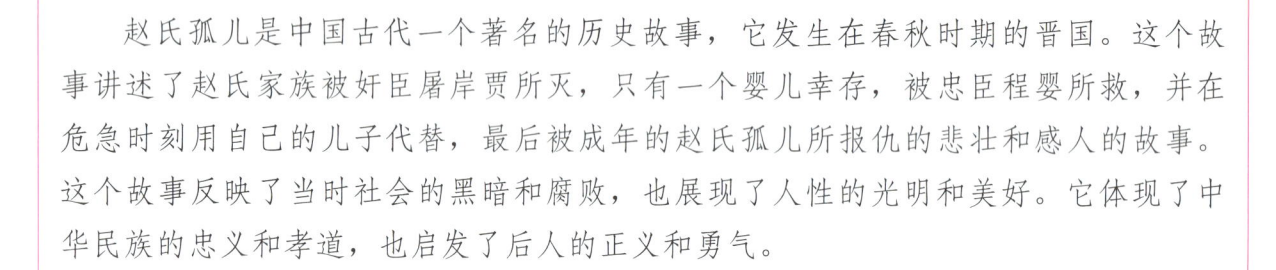

赵氏孤儿是中国古代一个著名的历史故事，它发生在春秋时期的晋国。这个故事讲述了赵氏家族被奸臣屠岸贾所灭，只有一个婴儿幸存，被忠臣程婴所救，并在危急时刻用自己的儿子代替，最后被成年的赵氏孤儿所报仇的悲壮和感人的故事。这个故事反映了当时社会的黑暗和腐败，也展现了人性的光明和美好。它体现了中华民族的忠义和孝道，也启发了后人的正义和勇气。

（四）学生分享亲身经历

邀请学生分享自己在生活中遇到的有关"义"与"利"抉择的真实经历。这些真实的经历可以是一段深刻的回忆、一个难以抉择的时刻，或是他们做出正确抉择后的感悟。通过这些分享，让学生更加深入地理解"义"与"利"之间的关系，以及如何在现实生活中进行抉择。

（五）小组讨论与总结

将学生分成小组，让他们在组内讨论自己对"义"与"利"的理解和看法。鼓励学生们积极发表观点，并引导他们深入探讨这个话题。最后，每个小组选出代表总结小组的观点和结论。

（六）班级交流与总结

让各个小组的代表上台交流讨论结果。在所有小组都发言后，主持人进行总结，强调道德和正义在人生中的重要性，并鼓励学生在面对义与利的抉择时坚守道德和正义。

活动结束

回顾总结：教师回顾本次班会的主要内容和目标，再次强调坚守道德和正义的重要性。

布置作业：写一篇关于"义"与"利"的议论文，300字左右。

主题班会 42：岗位上的责任

活动目标

（1）理解责任的概念和重要性。
（2）了解不同岗位上的责任和义务。
（3）培养学生的责任感和担当精神，为未来的职业发展做好准备。

活动准备

（1）利用互联网，准备关于责任的重要性和岗位责任的资料和案例。
（2）设计一些互动环节，如小组讨论、角色扮演等，以增强学生的参与感，提高学生的思考能力。
（3）邀请一些在不同岗位上工作的人士分享他们的责任和工作经验。

活动过程

（一）开场白

在班会开始之前，主持人先介绍本次班会的主题和目的，引导学生进入主题。

主持人开场白示例

尊敬的老师、亲爱的同学们：

大家好！

模块五　责任担当

欢迎来到今天的主题班会，我们的主题是——岗位上的责任。

无论是在学习、工作还是生活中，我们都有自己的岗位和角色。每个岗位都有相应的责任和义务，需要我们认真履行。只有承担起自己的责任，才能为社会做出贡献，实现自己的价值。

今天，我们将一起探讨岗位上的责任。我们将通过案例分享、讨论交流等方式，了解不同岗位的责任和义务，以及如何承担起自己的责任。让我们一起学习、成长，成为有担当、有责任感的人！

（二）理解责任

"责任重于泰山。"平凡的岗位，肩负着神圣的责任。通过展示一些关于责任的重要性的资料和案例，让学生理解责任的概念和重要性。引导学生思考责任对自己和社会的意义，以及如何在生活中承担责任。

美文欣赏

责　任

人生不同的时间段，会有不同的责任让你去担当，人生最难的是在你该尽责的时候，如果你选择逃避，那么到头来问题依然存在。

责任是一种担当，是一种信任，是前行的动力，更是一种能力。

一个人的能力有大小，责任有大小，不一定非要做大事才叫担当。

只要在平凡的岗位上尽己所能地肩负起自己应负的责任，一样是优秀的，一样会受到人们的尊重和爱戴。

一个人最大的魅力就是责任心。

对自己负责，对别人负责，对工作负责，对家庭负责，对社会负责。

自己分内的事义不容辞，责无旁贷，尽心尽力，尽善尽美地做好，是基本的要求，分外的事，能做的，答应别人的，要做好；不能做的，或是做不到的，要尽快说明，不要随意承诺，不要拖拉，耽误别人，影响自己。

一个人的责任心，往往不是嘴上说出来的，而是通过具体的事表现出来的。

事实胜于雄辩，行动优于言语。

二、勇担当

> 一个优秀的人，首要的不是能力高低，而是责任心的大小，是否有担当精神。有责任心的人，方可委以重任，方能做得成大事。
>
> 有责任心的人人缘一般都很好，运气不会差，很容易得到上级领导的信任，朋友的信赖，社会的认可，大家都喜欢和有责任心的人相处，踏实、靠谱、放心。
>
> 责任心就是一个人最好的财富，是巨大的无形资产，会给你带来意想不到的收获。
>
> 韩愈说："业精于勤，荒于嬉；行成于思，毁于随。"
>
> 一个人做一件事，十件事，乃至百件事有责任心容易，难的是一辈子保持责任心。
>
> 当责任成为一种习惯时，往往也是一个人走向成功的开始。

（三）岗位责任分享

邀请不同岗位上的工作人员分享他们的责任和工作经验。通过他们的故事和经验，让学生了解不同岗位上的责任和义务，以及如何履行好自己的职责。

例如，身处基层一线岗位上的警务人员，犹如社区的守护者，默默地穿梭在大街小巷，用自己的汗水和努力守护着一方安宁。

环卫工人，晴天一身灰，雨天一身泥，他们用勤劳的双手打造出干净整洁的环境。

公交司机，无论是炎热的夏天还是寒冷的冬天，他们都紧握方向盘，时时刻刻盯着前方，带给乘客安全、平稳的乘坐体验。

（四）角色扮演

设计一些角色扮演环节，让学生扮演不同岗位上的人物，模拟履行职责的场景。通过角色扮演，增强学生的参与感和实践能力，培养他们的责任感和担当精神。

活动结束

回顾总结：教师进行总结点评，强调责任的重要性和价值，肯定学生的参与和表现，鼓励学生积极承担责任，提高自身的责任感和担当精神。

布置作业：分小组开展活动，组员之间相互展示自己亲人的工作。

三、担使命

主题班会 43：青年者说

活动目标

（1）理解青年的定义和特点，明确青年的责任和使命。
（2）学习和探讨成功青年的案例，激励学生追求卓越和进步。

活动准备

（1）利用互联网查询关于青年定义、特点、责任和使命的资料。
（2）邀请一些成功的青年代表分享他们的成长经历和成功经验。

活动过程

（一）开场白

在班会开始之前，主持人先介绍本次班会的主题和目的，引导学生进入主题。

主持人开场白示例

尊敬的老师，亲爱的同学们：

大家好！

今天我们聚集在这里，举行一次主题班会——青年者说。

青年者，是未来的希望，是时代的力量。我们有梦想，有热情，有活力。在这个班会上，我们将分享我们的故事，我们的思考，我们的梦想。

我们将从青年者的角度，探讨时代的热点问题，思考未来的发展方向，讨论如何成为一个有责任、有担当的青年人。

让我们一起在这个班会中，用心去感受，用言语去交流，用行动去实践。让我们共同成长，共同进步，共同走向未来！

（二）青年的内涵

青年是整个社会力量中最积极、最有生气的力量，国家的希望在青年，民族的未来在青年。中国青年始终是实现中华民族伟大复兴的先锋力量。通过展示关于青年的定义、特点、责任和使命的资料和文献，让学生了解青年的内涵和意义。引导学生思考自己作为青年的优势和不足，以及如何在青年时期实现自我价值。

中国特色社会主义进入新时代，为青年的成长提供了广阔的空间，为青年人生出彩提供了难得的机会。在认清时代使命的基础上拥抱新时代，在担负时代使命的过程中建功新时代，这是弘扬五四精神的必然要求，也是新时代青年成长成才的必由之路。

（三）成功青年代表分享

邀请一些成功的青年代表分享他们的成长经历和成功经验。通过他们的故事和经验，引导学生认识到青年的责任和使命，以及如何面对挑战和困难，实现个人和社会的发展。

青年者，是时代的弄潮儿，是未来的希望

1. 对时代背景的洞察

在青年们看来，这个时代充满了机遇与挑战，而正是这些机遇和挑战塑造了他们的价值观和人生观。他们明白，作为新时代的青年，必须肩负起历史赋予的使命，为社会的进步和发展贡献自己的力量。

2. 对价值观念的坚守

青年们认为，坚守诚信、公正、勤奋、创新等品质是青年人的根本。这些品质不仅有助于个人的成长和成功，更是社会和谐与进步的基石。在追求个人梦想的过程中，青年们始终坚守这些价值观念，将其融入生活的方方面面。

3. 对社会责任的担当

青年们深知，作为社会的一分子，他们必须承担起应有的社会责任。面对环境污染、教育不公等社会问题，他们不仅要关注，更要积极行动，通过自己的努力为解决问题贡献一份力量。他们坚信，只有每个青年都积极投身社会建设，才能共同创造一个更加美好的未来。

4. 对未来的憧憬与展望

在青年们的眼中，未来充满了无限的可能。他们憧憬着科技进步带来的美好生活，期待着人类文明的繁荣与进步。同时，他们也深知未来的道路并不平坦，需要付出艰辛

的努力。但正是这些挑战和困难，激发了他们勇往直前的决心和勇气。他们坚信，只要保持对梦想的追求和对社会的责任感，未来的美好一定属于他们这一代青年人。

青年们对以上内容有着自己的解读和感悟。他们坚信自己的力量，愿意为社会的进步和发展贡献自己的一份力量。他们期待着未来的美好，并愿意为之付出艰辛的努力。在这个过程中，他们不断成长和进步，成为新时代的栋梁之材。

（四）社会责任感和实践能力的培养

通过展示一些关于青年榜样的资料和案例，让学生了解如何在青年时期培养社会责任感和实践能力。引导学生思考如何将社会责任感和实践能力融入日常生活和学习中，以及如何为社会的进步和发展做出贡献。

青年榜样

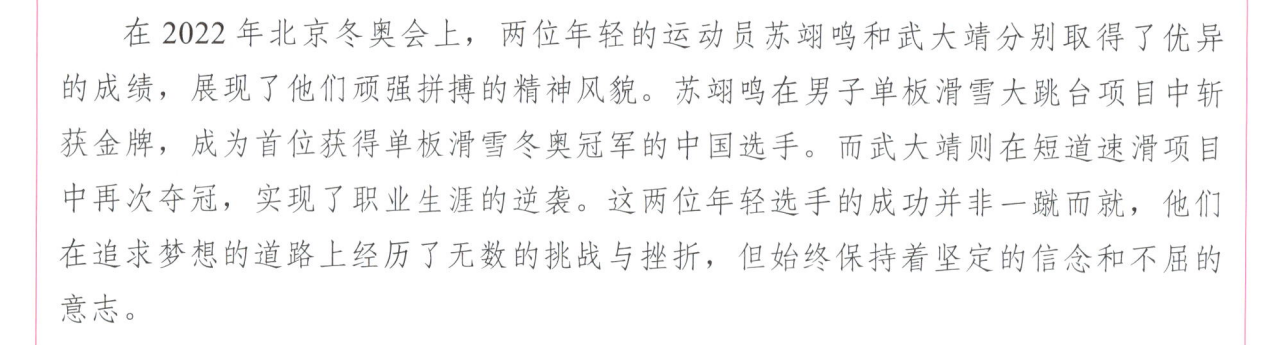

在2022年北京冬奥会上，两位年轻的运动员苏翊鸣和武大靖分别取得了优异的成绩，展现了他们顽强拼搏的精神风貌。苏翊鸣在男子单板滑雪大跳台项目中斩获金牌，成为首位获得单板滑雪冬奥冠军的中国选手。而武大靖则在短道速滑项目中再次夺冠，实现了职业生涯的逆袭。这两位年轻选手的成功并非一蹴而就，他们在追求梦想的道路上经历了无数的挑战与挫折，但始终保持着坚定的信念和不屈的意志。

（五）小组讨论

让学生分组讨论青年的定义、特点、责任和使命，以及如何培养社会责任感和实践能力。通过小组讨论，培养学生的合作学习和思考能力。

活动结束

回顾总结：教师进行总结点评，强调青年的定义、特点、责任和使命的重要性和价值，肯定学生的参与和表现，鼓励学生积极追求卓越和进步。

布置作业：观看五集系列微纪录片《有为青年》。

三、担使命

主题班会 44：数字时代的挑战与机遇

活动目标

（1）理解数字时代带来的挑战与机遇。
（2）掌握在数字时代中保持安全和健康的方法。
（3）培养学生的信息素养和适应能力，为未来的发展做好准备。

活动准备

（1）利用互联网，准备关于数字时代挑战与机遇的资料和案例。
（2）设计一些互动环节，如小组讨论等，以增强学生的参与感，提高学生的思考能力。

活动过程

（一）开场白

在班会开始之前，主持人先介绍本次班会的主题和目的，引导学生进入主题。

主持人开场白示例

尊敬的老师、亲爱的同学们：

大家好！

欢迎来到今天的主题班会，我们的主题是——数字时代的挑战与机遇。

随着数字技术的飞速发展，我们生活在一个信息爆炸的时代。数字技术给我们带来了前所未有的便利和机遇，同时也带来了一系列的挑战和问题。

今天，我们将一起探讨数字时代给人们带来的挑战与机遇。我们将通过案例分享、讨论交流等方式，了解数字时代对于个人和社会的影响，以及如何应对和利用这些挑战与机遇。让我们一起学习、成长，成为数字时代的领跑者！

（二）数字时代带来的挑战

通过展示关于网络沉迷、信息过载、网络欺凌等问题的资料和案例，让学生了解数字时代带来的挑战。引导学生思考这些问题对个人和社会的影响，以及如何应对这些问题。

案 例

中国互联网络信息中心2023年的调查显示，我国网民规模达10.67亿，19岁以下网民占比达18.7%。国家卫健委在日前举行的新闻发布会上表示，统计数据表明，全世界范围内青少年过度网络成瘾的发病率是6%，我国比例接近10%。

对于孩子爱玩游戏、沉迷手机等电子产品，父母处理的方式一般有以下几种：①一禁了之；②拔网线、藏起来、砸手机、打骂；③打骂、讲道理、说教；④到处找人劝说、暗自垂泪。

不少家长表示，确实因为上网一事和孩子爆发过争吵，严重的甚至会影响孩子的学业。作为家长，也想和孩子好好沟通，但找不到正确的沟通和解决方式。

家长应如何预防和解决孩子沉迷网络呢？

1. 以身作则

家长势必要以身作则。

2. 陪孩子一起使用

有研究指出：在使用电子产品时，家长高质量的陪伴和沟通，再加上妥善的时间管理，能够有效地避免孩子沉迷网络。我们要为孩子选择那些画质精美、情节健康，最好是包含生活或科学知识的游戏或节目。和孩子一起观看、讨论，引导他们发散思维。

3. 丰富生活，父母放下手机，用心陪伴

例如，参加户外运动、和孩子一起阅读、鼓励孩子多参加团体活动、培养孩子的兴趣爱好，以丰富多彩的生活代替单调贫乏的生活。

4. 智慧引导——做约定（通过家庭会议共同约定）

和孩子约定手机使用频次与时长，约定提醒和收回手机的方式并约定奖惩方法。

（三）数字时代的机遇

通过展示关于科技创新、网络教育、社交媒体等领域的资料和案例，让学生了解数字时代带来的机遇。引导学生认识到数字时代的发展趋势和前景，以及如何抓住机遇，

三、担使命

实现个人和社会的发展。

智能机器人

现如今，智能机器人已被应用到很多领域。在一些饭店、银行、图书馆，都能看到机器人的"身影"。

江西省图书馆的两个机器人，因为"吵架"火了。两个小家伙开启日常唠嗑模式，一个来向另一个求和，结果自己反而生起气来。两个机器人幽默的吵架方式，让人忍俊不禁。

在第135届广交会上，各种类型的服务机器人成为广交会上的焦点之一：智能清洁机器人、擦窗机器人、送餐机器人、割草机器人……一大批智能化程度高、代表行业领先水平的服务型机器人纷纷亮相，外商纷纷对这些将AI技术与现代生活紧密结合的高新尖服务机器人给予高度赞赏。

（四）小组讨论

让学生分组讨论数字时代的挑战与机遇，以及如何应对这些挑战和抓住机遇。通过小组讨论，培养学生的合作学习和思考能力。

（五）角色扮演

设计一些角色扮演环节，让学生扮演不同角色，模拟解决数字时代带来的挑战和抓住机遇的场景。通过角色扮演，增强学生的参与感，提高学生的实践能力。

活动结束

回顾总结：回顾本次班会的主要内容和目标，强调数字时代的挑战与机遇的重要性和意义，肯定学生的参与和表现，鼓励学生积极应对挑战，抓住机遇，提高自身的信息素养和适应能力。

布置作业：数字时代的来临给我们的生活带来了很多便利。试写下在学习和生活中，数字时代给我们带来了哪些便利。

模块五　责任担当

主题班会 45：新长征，新征程

活动目标

（1）了解长征、认识长征精神。
（2）认识长征与中职学生学习生活的关系。
（3）培养学生吃苦耐劳、乐观向上、勤奋刻苦的坚定信念。

活动准备

利用互联网，收集关于长征的资料。

活动过程

（一）开场白

在班会开始之前，主持人先介绍本次班会的主题和目的，引导学生进入主题。

主持人开场白示例

尊敬的老师、亲爱的同学们：

大家好！

欢迎来到今天的主题班会，我们的主题是——新长征，新征程。

关于长征，大家是否记得：在两万五千里的征途中，红军们爬雪山、过草地、四渡赤水……在影片《长征的记忆》中，那些刻满沧桑的面孔，那些曾亲历长征的老红军们，这些幸存下来的生命，早已成为我们民族的骄傲。

（二）长征精神

因为崇高的共产主义理想和坚定的革命信念，广大红军将士才在两万五千里长征途中克服种种艰难险阻。他们缺衣少食，弹药匮乏，吃的是草根，咽的是树皮，头上敌机

三、担使命

轰炸，四周敌军围追堵截，在这种艰难困苦的条件下，走出了雪山草地，翻越了高山峻岭，实现了三大主力会师，走上抗日救国前线。这就是理想科学、信念坚定。

各路红军的长征，都遭受国民党军队的围追堵截，与数倍于自己的强大敌人进行过生死决战，而且国民党军队有飞机大炮，红军却只有步枪。尽管有巨大牺牲，但最后都摆脱了敌人的围堵。如果不是英勇顽强，不怕牺牲，怎么会创造这样的奇迹？

作为一个团体，长征中的红军部队只有顾全革命、民族的大局，紧密团结可以团结的力量，比如在过黎族区的时候，如果没有处理好民族关系，红军也不能顺利通过。

只有红军为了群众的幸福而斗争才赢得了群众的支持，在长征中也才有了充足的粮食支援。红军与群众就是鱼与水的关系，在群众的支持下才有了这样的一个奇迹。

长征，是中国革命史上的一大壮举。随着中国特色社会主义进入新时代，长征精神同样激励着全党全国各族人民奋勇前进。大道之行，天下为公。走在中国特色社会主义道路上，中国仍将继续爬坡过坎，砥砺前行，奋力走好新时代的长征路。

（三）新长征，新使命

"新长征"究竟指什么？为何要在新时代继续弘扬长征精神？

1. 新长征有新使命

"新长征路"就是实现"两个一百年"奋斗目标、实现中华民族伟大复兴中国梦的路。可以说，在改革开放新时期推进中国特色社会主义事业的新使命，便是这一时代的新长征。

2. 长征精神新价值

始于1934年10月的红军长征留下了伟大的长征精神。长征精神浓缩了中国共产党成立以来的理想追求与信念，因此能够超越一时一地，具有十分深远的影响。

每个时代都有每个时代的特点与困难。今天的长征同当年的红军长征相比，同改革开放以来我们已经走过的新长征之路相比，在环境、条件、任务、力量等方面都有差别，但共同点在于都是具有开创性、艰巨性、复杂性的事业。不论面临什么的困难、什么的挑战，只要将长征精神发扬下去，我们就有能力克服困难，从而在新时代迈上新台阶。在新的历史时期，长征精神将继续鼓舞整个中华民族不断奋斗、前进。

3. 如何走好新长征

两万五千里长征，遭遇了诸多艰难困苦，但红军战士"心中有信仰，脚下有力量"，从无路的地方走出了一条胜利之路。此外，长征胜利还启示我们，要掌握科学理

论并立足实际,要始终相信人民、依靠人民,要立于时代潮头,要依托人民军队,要认识到党的领导是党和人民事业成功的根本保证。

大力弘扬伟大长征精神,矢志奋斗,中国共产党必将带领中国人民在新长征路上续写新的篇章、创造新的辉煌。

(四)开展缅怀先烈活动

组织师生到当地烈士公园等地开展祭扫烈士墓、敬献花篮、瞻仰遗物等活动,缅怀长征烈士的英勇事迹和崇高精神。开展继承先烈遗志宣誓活动。引导广大师生深刻缅怀为民族独立、人民解放和国家富强、人民幸福矢志奋斗、英勇牺牲的革命烈士,感悟热爱祖国、忠于人民、无私奉献的烈士精神,秉承烈士遗志,筑牢精神支柱。

诗词欣赏

七律·长征

毛泽东

红军不怕远征难,
万水千山只等闲。
五岭逶迤腾细浪,
乌蒙磅礴走泥丸。
金沙水拍云崖暖,
大渡桥横铁索寒。
更喜岷山千里雪,
三军过后尽开颜。

活动结束

回顾总结:回顾本次班会的主要内容和目标,强调"长征精神"的重要性和意义。

布置作业:以"我是长征精神传承人"为题,写一篇300字左右的小作文。

职业精神篇　　模块六

　　党的二十大报告指出：新时代的伟大成就是党和人民一道拼出来、干出来、奋斗出来的。党的二十大报告更号召青年人："怀抱梦想又脚踏实地，敢想敢为又善作善成。"这充分体现了新时代中国特色社会主义劳动观，鲜明地表明了劳动价值、劳动美学和劳动态度。

　　职业精神是与人们的职业活动紧密联系，具有职业特征的精神与操守，从事这种职业就该具有精神、能力和自觉。社会主义职业精神由多种要素构成，它们相互配合，形成严谨的职业精神模式。

　　职业精神的实践内涵体现在敬业、勤业、创业、立业四个方面。在全面建设小康社会，不断推进中国特色社会主义伟大事业，实现中华民族复兴的征程中，从事不同职业的人们都应当大力弘扬社会主义职业精神，尽职尽责，贡献自己的聪明才智。

一、懂职业

主题班会46：三百六十行，行行出状元

活动目标

（1）理解"三百六十行，行行出状元"的含义和价值。

（2）了解各行各业中的成功人士和他们的事迹。

（3）培养学生的职业意识和职业规划能力，鼓励学生探索自己的兴趣和优势，积极面对未来的职业发展。

活动准备

（1）利用互联网，准备一些关于各行各业成功人士的图片和视频资料，包括他们的经历、成就和事迹等。

（2）邀请一些学生提前了解不同行业的成功人士，准备在班会上分享自己的感受和体会。

活动过程

（一）开场白

在班会开始之前，主持人先介绍本次班会的主题和目的，引导学生进入主题。

主持人开场白示例

尊敬的老师，亲爱的同学们：

大家好！

今天我们聚集在这里，举行一次特别的主题班会——三百六十行，行行出状元。

"三百六十行，行行出状元"是一句古老而富有智慧的谚语。它告诉我们，无论我们从事什么行业，只要我们用心去做，努力去学，都有可能成为这个行业的翘楚。

一、懂职业

在我们的生活中，有许多不同行业的人，他们都在自己的领域里取得了杰出的成就。他们用自己的努力和汗水，证明了"三百六十行，行行出状元"的真理。

今天，我们将一起探讨这个话题。我们将了解各行各业的人们的努力和付出，学习他们的成功经验和精神。同时，我们也将思考如何在自己的行业中发挥潜力，成为自己行业的状元。

让我们一起努力，为自己的未来打下坚实的基础！

（二）"三百六十行，行行出状元"的含义

无论从事哪个行业，只要热爱本职工作，都能做出优异的成绩。"三百六十行，行行出状元"，这句话源于古代中国各行各业极其发达，职业种类繁多，各行各业都有出色的人才。

"三百六十行，行行出状元"，提醒我们不要轻视任何职业，每个职业都有其重要性和价值。这是一个人人都能出彩的时代，我们只要把本职工作做好，就能够通过自己的双手，创造美好生活。每个人都有自己的才华和擅长的领域，重要的是找到自己的兴趣所在，然后全力以赴地去追求自己的梦想。

（三）事迹分享

邀请学生分享关于各行各业成功人士的故事或经历，包括他们的成长历程、职业发展过程等。通过分享故事或经历，引导学生理解不同行业成功人士的重要性和价值。

高职院校毕业后到清华大学任教的"90后"女教师邢小颖

从高职院校毕业后到清华大学任教的"90后"女教师邢小颖火了。

邢小颖因"职校毕业生任教清华"引发社会关注后，很多人好奇，邢小颖是如何从一名职业院校毕业生，成为清华大学的一名教师的？她的成长之路，能给职业院校学生以及高考后即将面临院校专业选择的学子带来哪些启示？

2011年，无缘上本科的陕西女孩邢小颖，面对父母"复读一年，朝本科奔一奔"的建议，经过思考后做出了自己的选择：不复读，就去陕西工业职业技术学院材料成型与控制技术专业。

进入职业技术学院后，邢小颖发现实操训练时很累，体能拼不过男生，她就每天早晚都和室友一起去跑步锻炼，体能得到提升后，她的实操能力也上去了。

模块六　职业精神篇

2013年11月，邢小颖到清华实习，虽然这是她首次来北京，但她从没想过怎么去玩，每天下班吃完晚饭后就赶回实验室，自言自语般地练习给学生讲实践课。

在清华基础工业训练中心主任李双寿的眼中，邢小颖身上有很多美好品质：朴实无华，爱岗敬业，不怕苦不怕累。

2014年，在实习中已获得清华认可的邢小颖，以专业综合成绩排名第一的成绩从陕西工业职业技术学院毕业，顺利到清华大学基础工业训练中心任教。

（四）小组讨论

让学生分组讨论各行各业成功人士的共性和特点，以及如何借鉴他们的经验，规划自己的未来职业发展。

活动结束

回顾总结：教师进行总结点评，回顾本次班会的主要内容和目标，强调"三百六十行，行行出状元"的重要性和价值，肯定学生的参与和表现，鼓励学生树立职业意识，培养职业规划能力，积极面对未来的职业发展。

布置作业：以"我理想的职业"为题，写一篇300字左右的小作文。

主题班会47：劳动创造美好生活

活动目标

（1）理解劳动的意义和价值，认识到劳动是创造美好生活的源泉。

（2）培养学生的劳动意识和劳动习惯，鼓励他们积极参与劳动。

（3）通过实际操作和体验，让学生感受劳动的乐趣和成就感。

一、懂职业

活动准备

（1）利用互联网，准备关于劳动改变生活的图片和视频资料，展示通过劳动让生活更加美好的场景。

（2）邀请一些学生提前收集创业的小知识，准备在班会上分享自己的感受和体会。

（3）设计一些比赛活动，如厨艺比拼、手工制作比拼、设计发明比拼等，以增强学生的参与感，提高学生的操作能力。

活动过程

（一）开场白

在班会开始之前，主持人先介绍本次班会的主题和目的，引导学生进入主题。

主持人开场白示例

尊敬的老师、亲爱的同学们：

大家好！

欢迎来到今天的主题班会，我们的主题是——劳动创造美好生活。

劳动是人类的天性，也是创造一切美好事物的源泉。每个人的生活都离不开劳动，无论是脑力劳动还是体力劳动，都是我们生活的重要组成部分。通过劳动，我们不仅可以创造物质财富，还可以实现自我价值，获得精神上的满足。

今天，我们将一起探讨劳动对于生活的重要性。我们将通过分享实际案例、讨论交流等方式，了解劳动对于个人成长和社会发展的作用。让我们一起学习、成长，用自己的双手创造美好的未来！

（二）图片展示

展示一些关于劳动场景的图片和视频，包括各行各业劳动者辛勤工作的场景（图6-1）。通过图片展示，让学生更直观地感受劳动的重要性和价值。

模块六　职业精神篇

图6-1　劳动者辛勤工作

（三）故事分享

邀请学生分享一些关于劳动的故事或经历，包括自己的劳动经历、家人或身边人的劳动故事等。通过分享故事或经历，引导学生理解劳动的意义和价值。

幼儿园里的"宝宝大厨"

在江苏徐州的一家幼儿园，小朋友们有模有样地做着各种好吃的。谁能想到，这些"大厨"，是幼儿园大班和中班的小朋友。

孩子们做饭的场景，其实是这家幼儿园里的自然劳动课。一年四季，只要天气好，孩子们就会在院子里一起上课，一起做好吃的。老师们会根据每个自然节气，教孩子们做应时应季的美食。园长介绍，幼儿园会有安全预案，孩子们操作的时候，手套、隔离面罩都会用上，孩子们的安全一定是放在首位的。

烙馍，当地的一种传统面食。烙馍对成年人来说也是个技术活，怎么摊、怎么翻、怎么挑，都有窍门儿。好在有老师从旁指导，孩子们熟能生巧，慢慢都能上手。

对大人来说，做饭更多是劳动和家务，可对小朋友们来说，这可是"过家家照进现实"。幼儿园的劳动课不仅仅是一起做饭，编织、缝纫、茶艺甚至做马扎，每个小朋友都可以根据不同的兴趣选择自己喜欢的内容。

（四）设计比赛

提前设计一些比赛项目，让学生在比赛中体验劳动的过程和乐趣。例如，可以组织学生进行厨艺比拼、手工制作比拼、设计发明比拼等。展示学生的作品，由其他学生通过评比、打分。

一、懂职业

活动结束

回顾总结：教师进行总结点评，回顾本次班会的主要内容和目标，强调劳动的重要性和意义，肯定学生的参与和表现，鼓励学生养成劳动意识和习惯，积极参与到日常生活的劳动中去。

布置作业："一屋不扫，何以扫天下？"整洁的住所，不仅有益于身体健康，还让人身心愉悦。以此为题，写一写自己的感受，300字左右。

主题班会48：我的人生我做主

活动目标

（1）理解自我决定和自我负责的重要性。

（2）培养学生的自主意识和自我管理能力，鼓励他们积极规划自己的人生。

（3）引导学生认识到人生规划和自我实现需要综合考虑个人兴趣、能力和社会需求等多个因素。

活动准备

（1）利用互联网，准备一些关于自我决定和自我管理的案例、图片或视频资料，如成功人士的人生规划、个体经历等。

（2）邀请一些学生提前了解自我决定和自我管理的相关知识，准备在班会上分享自己的感受和体会。

（3）设计一些互动环节，如小组讨论、角色扮演等，以增强学生的参与感，提高学生的思考能力。

活动过程

（一）开场白

在班会开始之前，主持人先介绍本次班会的主题和目的，引导学生进入主题。

主持人开场白示例

尊敬的老师、亲爱的同学们：

大家好！

欢迎来到今天的主题班会，我们的主题是——我的人生我做主。

人生是一段奇妙的旅程，每个人都有自己的目标和追求。在这个过程中，我们需要学会自我管理、自我决策，才能更好地掌控自己的人生。

今天，我们将一起探讨如何做自己人生的主人。我们将分享自己的经历和故事，讨论如何树立自信、设定目标、做出决策等方面。让我们一起学习、成长，为自己的未来打下坚实的基础！

现在，让我们开始今天的主题班会——我的人生我做主。

（二）"我的人生我做主"的含义

"我的人生我做主"是一种积极的人生态度，表达了一个人对自己的人生有自主权和掌控权的信念。这种态度体现了自我决定论的观点，即认为个体的行为和结果是出于自己的决定和行动，而不是外部因素或环境的影响。

在实践中，这种态度可以表现为对个人目标、价值观和行动计划的自主决策能力。例如，一个人可能会选择不同的职业道路，因为这符合他们的个人兴趣和价值观，而不是因为社会期望或家庭影响。同样，一个人可能会选择自己的生活方式，包括饮食习惯、锻炼习惯、社交圈子等，因为这符合他们的健康和幸福感，而不是因为别人的意见或压力。

"我的人生我做主"是一种自信、自主、独立的人生态度，它使个人能够以自己的方式生活，实现自己的梦想和目标。

（三）互动游戏

组织学生分组，其中一组扮演 20 年后的自己，两组学生对话，让学生亲身体验自我决定和自我管理的重要性，并进行实践。

（四）小组讨论

让学生分组讨论自我决定和自我管理的内涵和意义，以及如何制定人生规划和实现自我价值。通过小组讨论，引导学生深入思考自我决定和自我管理的重要性和价值。

活动结束

回顾总结：教师进行总结点评，回顾本次班会的主要内容和目标，强调自我决定和自我管理的重要性和意义，肯定学生的参与和表现，鼓励学生积极规划自己的人生并勇于追求自己的梦想。同时也要引导学生认识到人生规划和自我实现需要综合考虑个人兴趣、能力和社会需求等多种因素，并不断进行调整和完善。

布置作业：当我们在面临一些重大选择时，可能会和父母的意见相左。是听从父母的安排，还是坚持自己的选择？请写下自己的想法。

二、熟技能

主题班会 49：勤学苦练

活动目标

（1）理解勤学苦练的内涵和价值。
（2）了解勤学苦练的体现方式。
（3）培养学生的勤奋学习的意识和刻苦钻研的精神，激励他们努力提高自己的能力。

活动准备

（1）利用互联网，准备关于勤学苦练的故事、图片或视频资料，如名人勤奋学习的案例、技艺精湛的艺术家等。
（2）邀请一些学生提前了解勤学苦练的相关知识，准备在班会上分享自己的感受和体会。
（3）设计一些互动环节，如小组讨论、模拟练习等，以增强学生的参与感和实践能力。

活动过程

（一）开场白

在班会开始之前，主持人先介绍本次班会的主题和目的，引导学生进入主题。

主持人开场白示例

尊敬的老师，亲爱的同学们：
大家好！

二、熟技能

今天我们聚集在这里，举行一次特别的主题班会——勤学苦练。

学习是我们成长道路上不可或缺的一部分。只有通过不断的学习，我们才能不断进步，不断超越自己。而学习并不只是死记硬背，更需要我们勤奋努力，刻苦练习。

勤学苦练是一种精神，更是一种态度。它代表着我们对知识的渴望，对进步的追求。只有通过勤学苦练，我们才能真正掌握知识，提高自己的能力。

在今天的班会中，我们将一起探讨如何做到勤学苦练，共同追求进步和成长。让我们一起努力，为自己的未来打下坚实的基础！

（二）故事分享

俗话说："台上一分钟，台下十年功。"邀请学生分享一些关于勤学苦练的故事或经历，包括在学习、技艺和工作中付出努力和汗水的案例。通过分享故事，引导学生理解勤学苦练的重要性和价值。

巧匠白清良：把"不可能"变为"可能"

深耕机械自动化领域20余年，白清良先后收获18项国家专利，荣获上海市劳动模范、全国优秀农民工、全国五一劳动奖章、全国劳模等称号。从黑龙江乡村的农民，到机修厂的小老板，再到科技公司工装部的负责人……白清良扎根实业的经历中，也浓缩着中国制造由弱到强，进而向"智造"转变的生动历程。

初中学历的白清良是自学成才的。"以前我没有接触过这样复杂的机械结构与装配精度要求，除了请教老师傅，每天回到家里，还要查资料学习机械维修的相关知识。"白清良回忆，以前每天回家第一件事就是对着书本和计算机学习，一学就是几个小时。半夜里突然有点灵感，他就赶紧起床记下。如今，白清良的徒弟里有大学生，也有业内资深的老师傅，谈起专业问题，大家都会竖起大拇指："服气！"

"00后"孟凡东

"00后"孟凡东，是一位在新时代成长起来的青年技术工人。

2015年初中毕业后，孟凡东进入徐州工程机械技师学院学习。2017年，刚读技校两年多的他参加了人生中的第一场技能竞赛，但"结果只拿了个二等奖"。他认真总结经验，沉下心来勤学苦练。

2020年，孟凡东从学校毕业，进入徐州重型机械有限公司总装分厂工作。刚进厂时，孟凡东干的是装配，后来主动申请转到调试岗，由江苏省技能大师李戈指导。

据李戈介绍，起重机是由机械、电气、液压控制组合的技术集成，对调试工的岗位技术要求特别高。由于需要长期在室外露天调试，恶劣的工作环境和天气条件无一不对调试工的耐力进行着考验。

而孟凡东却觉得这些都算不了什么，"年轻更要多学，工作给了我学技术、练本领、长才干的好平台，只要每天有新进步、新收获，我就感到很充实、很快乐。"他这样说。

2021年，第七届全国职工职业技能大赛开始选拔，孟凡东毫不犹豫地报了名。

"机会总是留给有准备的人。"抱着这样的信念，他全身心地投入到赛前训练当中。为了不影响别人，孟凡东吃、住都在钳工工作室里。集训的4个月，他光是锉刀就练废了三四十把。不到两米的钳工操作台，洒满了他的汗水，也见证了他的进步。

功夫不负有心人。2021年10月16日，孟凡东以超第二名10.15分的好成绩取得了第七届全国职工职业技能大赛钳工赛项的第一名。

（三）图片展示

"我亦无他，惟手熟尔。"——《卖油翁》向学生们展示一些关于勤学苦练的图片或视频，包括名人勤奋学习的场景、技艺精湛的艺术家的表演等。通过图片展示，让学生更直观地感受勤学苦练的精神，并进行实践。

（四）互动游戏

设计一些互动游戏或模拟练习环节，让学生通过实践体验勤学苦练的意义和重要性。例如，可以组织学生进行模拟练习，如编程比赛、数学竞赛等，让学生亲身体验勤学苦练的精神和实践。

（五）小组讨论

让学生分组讨论勤学苦练的内涵和意义，以及如何培养勤奋学习意识和刻苦钻研精神。通过小组讨论，引导学生深入思考勤学苦练的重要性和价值。

活动结束

回顾总结：教师进行总结点评，回顾本次班会的主要内容和目标，强调勤学苦练的重要性和意义，肯定学生的参与和表现，鼓励学生树立勤奋学习意识，培养刻苦钻研精神，努力提高自己的能力。

布置作业：机会永远青睐有准备的人。思考自己如何通过勤学苦练做成了一些事，并写下自己的感悟。

主题班会 50：笃行善思

活动目标

（1）理解"笃行善思"的意义和价值。
（2）培养学生的实践能力和思考能力。
（3）引导学生将所学知识与实践相结合，促进个人成长和社会进步。

活动准备

（1）利用互联网，准备一些关于"笃行善思"的实例和故事，包括学术、艺术、体育等各个领域的成功案例。

（2）邀请一些学生提前了解"笃行善思"的相关知识，准备在班会上分享自己的感受和体会。

活动过程

（一）开场白

在班会开始之前，主持人先介绍本次班会的主题和目的，引导学生进入主题。

主持人开场白示例

尊敬的老师、亲爱的同学们：

大家好！

欢迎来到今天的主题班会，我们的主题是——笃行善思。

"笃行善思"这个词语，表达了对于实际行动和善于思考的强调。在日常生活和学习中，我们不仅要有实际行动，还要善于思考和总结。只有将思考和行动结合起来，我们才能更好地解决问题、提高自己。

今天，我们将通过分享实际案例、讨论交流等方式，深入了解"笃行善思"的实质和实践方法。让我们一起学习、成长，成为能够付诸实际行动和善于思考的人！

（二）"笃行善思"的含义

"笃行善思"语出《礼记·中庸》，原文为"博学之、审问之、慎思之、明辨之、笃行之。"是指确实履行慎重考虑事情。其中，"笃行"是指坚定地行动，就是要"学以致用，躬行不怠"。在学习过程中必须以知促行、以行促知，做到知行合一。"善思"是指善于思考，要"学有所思，思有所得"。古人云："学而不思则罔，思而不学则殆。"这个成语强调了行动和思考的重要性，要求人们在行动中保持谨慎和深思熟虑的态度。

"笃行善思"的比喻意义在于，它提醒人们在做任何事情时，都要有明确的目标和计划，并且要不断地思考和反思自己的行为。这种态度可以帮助人们避免盲目行动，提高行动的效率和准确性，从而更好地实现自己的目标。

冬夜读书示子聿

［宋］陆　游

古人学问无遗力，

少壮工夫老始成。

纸上得来终觉浅，

绝知此事要躬行。

（三）故事分享

"笃行善思"是要当代学生刻苦钻研、勤于思考，努力践履所学，做到"知行合一"。邀请学生分享一些关于"笃行善思"的实例和故事，包括在学术、艺术、体育等各个领域的成功案例。通过分享实例，让学生了解实践和思考在不同领域中的重要性和体现方式。

小故事

陆羽的故事

唐朝著名学者陆羽小时候在庙中长大，但他不愿意终日诵经念佛，而是喜欢吟读诗书。为了学习冲茶，他碰到了一位好心的老婆婆，不仅学会了复杂的冲茶技巧，更学会了不少读书和做人的道理。最终，写出了中国乃至世界现存最早、最完善、最全面介绍茶的专著，被誉为茶叶百科全书。

张旭教育颜真卿勤学苦练的故事

颜真卿是唐代有名的书法家，他自幼丧父，家境贫寒。但他的母亲殷氏对他寄予厚望，实行严格的家庭教育，亲自督学。

颜真卿勤奋好学，不懈练字，向褚遂良学习，后又拜在张旭门下。但拜师以后，张旭却没有透露半点书法秘诀。他只是给颜真卿介绍了一些名家字帖，简单地指点一下字帖的特点，让颜真卿临摹。有时候，他带着颜真卿去爬山、游水、赶集、看戏，回家后又让颜真卿练字，或看他挥毫疾书。转眼几个月过去了，颜真卿得不到老师的书法秘诀，心里很着急，他决定直接向老师提出要求，请他传授书法秘诀。

张旭没有直接回答颜真卿的问题，而是向他指出学习书法有两个要点：一要"工学"，即勤学苦练；二要"领悟"，即从自然万象中接受启发。颜真卿自认为道理都明白，以为张旭不愿传授秘诀，便又向前一步，施礼恳求他指导自己行笔落墨的绝技秘方。

张旭严肃地说："学习书法要说有什么'秘诀'的话，那就是勤学苦练。要记住，不下苦功的人，不会有任何成就。"

老师的教诲，使颜真卿大受启发，他真正明白了为学之道。从此，他扎扎实实勤学苦练，潜心钻研，从生活中领悟运笔神韵，进步很快，终成为一位大书法家，为"楷书四大家"之首。

（四）小组讨论

"欲得真学问，须下苦功夫"，让学生分组讨论"笃行善思"的实践意义和价值，以及如何将所学知识与实践相结合，促进个人成长和社会进步。通过小组讨论，引导学生深入思考实践与思考的重要性和价值。

活动结束

回顾总结：教师进行总结点评，回顾本次班会的主要内容和目标，强调"笃行善思"的重要性和意义，肯定学生的参与和表现，鼓励学生积极投身实践，善于思考，促进个人成长和社会进步。同时也要引导学生认识到实践和思考不仅是在学校中要学习的，更是生活中的一种态度和方法。

布置作业：干事创业必须真抓实干，不能光喊口号不行动，唯有实干，方能兴邦。但是，当前"口号叫得响、行动慢半拍"或是"当一天和尚敲一天钟"等行动上"乏力"的现象依然存在，你如何看待这种现象？

主题班会 51：积跬致远

活动目标

（1）理解"积跬致远"的意义和价值。
（2）培养学生的恒心和毅力，鼓励他们坚持追求目标。
（3）引导学生认识到积累的重要性，明白量变引起质变的道理。

活动准备

（1）利用互联网，准备关于恒心和毅力的名人名言和故事。
（2）邀请一些学生提前了解"积跬致远"的相关知识，准备在班会上分享自己的感受和体会。

活动过程

（一）开场白

在班会开始之前，主持人先介绍本次班会的主题和目的，引导学生进入主题。

主持人开场白示例

尊敬的老师、亲爱的同学们：

大家好！

欢迎来到今天的主题班会，我们的主题是——积跬致远。

"积跬致远"这个词语，源于古人的一种智慧，它比喻不断积累小的步伐，才能到达遥远的远方。这个词语告诉我们，无论做什么事情，都需要耐心、决心和努力去积累，才能取得成功。

在学习和生活中，我们也常常会遇到各种困难和挑战。有时候，我们可能会觉得目标遥不可及，甚至想要放弃。但是，如果我们能够不断积累、努力前行，我们一定能够实现自己的目标，走向成功的彼岸。

今天，我们将通过分享成功人士的经验、探讨实现目标的方法等方式，深入了解"积跬致远"的实质和实践方法。让我们一起学习、成长，成为具有耐心、决心和努力的人！

（二）"积跬致远"的含义

"积跬致远"是一个成语，意思是通过不断积累微小的进步，最终达到巨大的成就。这个成语源于《庄子·逍遥游》中的一句话："千里之堤毁于蚁穴，积跬步而至千里。"意思是说，虽然蚂蚁只有微小的力量，但它们却可以毁掉千里之堤。同样地，我们也可以通过不断积累微小的进步，最终获得巨大的成就。

在现代汉语中，"积跬致远"多用于形容坚持不懈、持之以恒的精神。它告诉我们，只有通过不断地努力和积累，才能取得最终的成功。无论是在学习、工作还是生活中，我们都需要耐心、决心和努力去积累，才能实现我们的目标。

因此，"积跬致远"是一种积极向上的态度和精神，它鼓励我们不断前行，不断积累小的进步，最终实现我们的梦想。

（三）分享名人名言和故事

分享一些关于恒心和毅力的名人名言和小故事，通过这些例子来感受坚持的力量。

名言警句

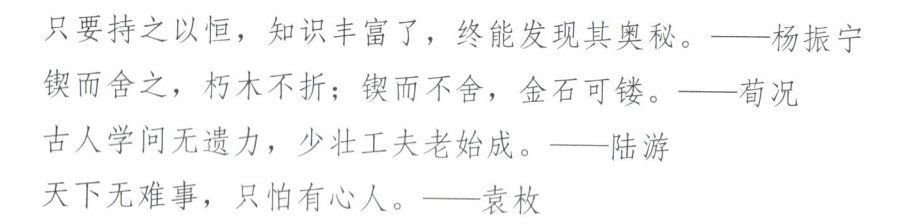

只要持之以恒，知识丰富了，终能发现其奥秘。——杨振宁

锲而舍之，朽木不折；锲而不舍，金石可镂。——荀况

古人学问无遗力，少壮工夫老始成。——陆游

天下无难事，只怕有心人。——袁枚

小故事

孙康映雪夜读

晋人孙康，家贫而酷爱读书。夜晚，虽有时间却买不起灯油，只好默默地回忆，消化白天学过的知识。有年冬天，他半夜醒来，感到屋内并非漆黑无光，还能隐隐约约看到些东西，原来是皑皑白雪映照所致，这给了他启发：何不借雪光来看书呢？于是雪夜，特别是月光映照下的雪夜，就成了孙康苦读的好时光。由于勤奋好学，他终于成为一个有名的学者，并当上了御史大夫。

"书圣"王羲之

王羲之是1 600年前我国晋朝的一位大书法家，被人们誉为"书圣"。王羲之7岁练习书法，勤奋好学。王羲之练字专心致志，达到废寝忘食的地步。他吃饭走路也在揣摩字的结构，不断地用手在身上划字默写，久而久之，衣襟也磨破了。

17岁时他把父亲秘藏的前代书法论著偷来阅读，看熟了就练着写，他每天坐在池子边练字，送走黄昏，迎来黎明，每天练完字就在池水里洗笔，不知用了多少墨水，写烂了多少笔头，天长日久竟将池水都洗成了墨色，这就是今天人们在绍兴看到的传说中的墨池。

王羲之的成功告诉我们一个深刻的道理，坚持就要有持之以恒的精神，坚持就要有坚持不懈的努力！

（四）小组讨论

让学生分小组讨论"积跬致远"的实践意义，以及自己在日常生活中如何应用这个道理。例如，登山，既是亲近大自然，又考验着人的体力和耐力。让学生分享自己在登山时体验坚持和积累的过程。

又如，有学生认为，学习并没有什么捷径可以走，主要是靠积累，多背诵诗词、成语，多背英语单词，坚持不懈，也是"聚沙成塔，积跬致远"。

（五）分享心得

"积跬致远，志在必得。"这是对恒心和毅力的最好诠释。在生活的征途中，每一次微小的努力，每一个积累的脚步，都将成为通向远方的坚定基石。不因距离遥远而放弃，不因路途艰辛而退缩。持续的积累和坚持，一定能让我们一步步迈向更远的目标，实现心中的梦想。

活动结束

回顾总结：教师进行总结点评，回顾本次班会的主要内容和目标，强调"积跬致远"的重要性和意义，肯定学生的参与和表现，鼓励学生树立恒心和毅力，坚持追求自己的目标。

布置作业："不积跬步无以至千里。"写一篇以"积跬致远"为题的读后感，300字左右。

三、铸匠心

主题班会 52：劳动精神

活动目标

(1) 理解劳动精神的内涵和价值。
(2) 了解劳动精神的体现和传承方式。
(3) 培养学生的劳动意识和劳动习惯，激励他们为美好的未来而努力奋斗。

活动准备

(1) 利用互联网，准备一些关于"五一国际劳动节"的资料和图片。
(2) 准备一些现代优秀劳动者的故事和视频资料，展示他们在工作和创新方面的突出表现。
(3) 邀请一些学生提前了解劳动精神的相关知识，准备在班会上分享自己的感受和体会。

活动过程

（一）开场白

在班会开始之前，主持人先介绍本次班会的主题和目的，引导学生进入主题。

主持人开场白示例

尊敬的老师、亲爱的同学们：

大家好！

欢迎来到今天的主题班会，我们的主题是——劳动精神。

三、铸匠心

劳动是人类的天性，也是创造一切美好事物的源泉。在我们的日常生活中，无论是学习还是工作，都需要付出辛勤的劳动。而这种劳动的精神和态度，就是我们今天要探讨的主题——劳动精神。

劳动精神是一种积极向上、坚持不懈的精神。它代表着对于工作的热爱和追求，对于质量和效率的执着和高要求。这种精神不仅体现在我们的学习和工作中，更贯穿于我们生活的方方面面。

今天，让我们一起探讨劳动精神的内涵和价值，了解它对我们的成长和未来的影响。我们将通过案例分享、讨论交流等方式，深入了解劳动精神的实质和实践方法。让我们一起学习、成长，成为具有劳动精神的人！

（二）劳动精神的含义和核心价值

劳动精神是指广大劳动人民在劳动过程中秉持的劳动观念、价值理念以及展现出来的劳动态度、精神风貌。它是一种积极向上的精神状态，包括勤劳、刻苦、尽责、奉献等。

劳动精神的含义包括以下几个方面：

（1）勤劳：勤劳是劳动精神的核心，是指人们在工作和生活中不断努力、不断奋斗的精神状态。勤劳是一种积极向上的品质，是人们在实现自我价值的过程中必不可少的品质。

（2）刻苦：刻苦是劳动精神的重要组成部分，是指人们在工作和生活中不断追求卓越、不断超越自我、不断提高自己的精神状态。刻苦的人们能够克服困难，不断进取，不断提高自己的能力和素质，从而实现自我价值的最大化。

（3）尽责：劳动精神还包含尽责的态度，即人们在工作和生活中承担起自己的责任，尽心尽力地完成自己的工作，不推卸责任，不敷衍塞责。

（4）奉献：劳动精神也强调奉献精神，即人们在工作和生活中要有所付出，为他人和社会做出贡献。这种奉献可以是个人对社会的贡献，也可以是企业对社会的贡献。

劳动精神的核心价值包括以下几点：

（1）弘扬社会主义核心价值观：劳动精神是社会主义核心价值观的生动体现，它强调勤劳、刻苦、尽责、奉献等品质，这些品质与社会主义核心价值观中的爱国、敬业、诚信、友善等价值理念高度契合。

（2）促进人的全面发展：劳动精神强调人们在劳动过程中不断追求自我价值的实现，不断提高自己的能力和素质，这种精神能够促进人的全面发展，提高人的生活质量和幸福感。

（3）推动社会进步和发展：劳动精神是社会进步和发展的强大精神动力，它能够激发广大劳动人民的积极性和创造力，推动社会经济的持续发展和社会进步。

（4）增强民族凝聚力和创造力：劳动精神是民族凝聚力和创造力的源泉之一，它能够激发广大劳动人民的爱国热情和创造力，增强民族凝聚力和向心力，推动国家和民族的繁荣发展。

（三）传统劳动者展示

美好的生活需要双手创造。展示一些传统劳动者的资料和图片，让学生了解不同行业的劳动者的工作场景、成果以及劳动精神的体现和传承方式。

在古代，除了木匠是八大匠中最为翘楚的之外，其余的七匠分别是石匠、泥瓦匠、铁匠、皮匠、毡匠、剃头匠、裁缝匠。这些能工巧匠们的功夫都是最精细的。

石匠切割石头，让房子四方四正；泥瓦匠混合各种材料，让房屋牢不可破；铁匠一锤一打之间，锻造成国之利器；皮匠修修补补，让旧物焕然一新；毡匠穿山越岭，打猎真皮。剃头匠修饰仪容，助人改头换面；裁缝匠一针一线，帮人驱寒御暖。图6-2所示为非遗"东阳木雕"。

图6-2 非遗"东阳木雕"

（四）现代劳动者展示

阅读先进事例，让学生更直观地感受他们在工作和创新方面的突出表现，进一步了解劳动精神的现代意义。

三、铸匠心

先进事例

"一抓准"张秉贵

张秉贵，全国著名劳动模范。他在普普通通的售货员岗位上，练就了"一抓准、一口清"的技艺；并凭借着"一团火"的服务精神，成为新中国商业领域的一面旗帜。

1955年，新建立的北京百货大楼开张营业。36岁的张秉贵因丰富的经验被破格录取。他凭借精湛的技术、热情的服务，感动了千千万万的人。至今，张秉贵的雕像依然矗立在北京王府井的百货大楼前，供来来往往的人们参观、纪念。

在"五一"国际劳动节，光荣属于劳动者，幸福属于劳动者，让我们向所有投身全面建设社会主义现代化国家、实现中华民族伟大复兴的劳动者致敬。

劳动开创未来，奋斗成就梦想。"五一"小长假，在大多数人享受轻松美好的假期生活时，依然有许多人默默坚守工作岗位，认真履职尽责，用自身的"劳动指数"提升大家的"幸福指数"。从为建设制造强国默默奉献的产业工人，到扎根乡村大地辛勤耕耘的广大农民；从不懈攀登创新高峰的科技工作者，到全力守护人民群众健康安全的医务人员……各行各业的劳动者在平凡的岗位上取得了不平凡的业绩，书写了"劳动最光荣、劳动最崇高、劳动最伟大、劳动最美丽"的新时代篇章。

（五）讨论分享

"人生在勤，勤则不匮。"在我们党团结带领人民为中华民族伟大复兴不懈奋斗的历程中，培育形成了爱岗敬业、争创一流、艰苦奋斗、勇于创新、淡泊名利、甘于奉献的劳模精神，崇尚劳动、热爱劳动、辛勤劳动、诚实劳动的劳动精神，执着专注、精益求精、一丝不苟、追求卓越的工匠精神。通过小组讨论、自由发言等方式，让学生分享自己对于劳动精神的思考和感悟，以及自己对于劳动意识和劳动习惯的认识和理解。

活动结束

回顾总结：教师进行总结点评，回顾本次班会的主要内容和目标，强调劳动精神的重要性和意义，肯定学生的参与和表现，鼓励学生树立正确的劳动观念，养成劳动习惯，为美好的未来而努力奋斗。

布置作业：以"劳动光荣，奉献有我"为题，写一篇300字左右的日记。

模块六　职业精神篇

主题班会 53：工匠精神

活动目标

（1）理解工匠精神的内涵和价值。

（2）了解工匠精神的体现和传承方式。

（3）培养学生的敬业精神和创新能力，激励他们追求卓越和创造价值。

活动准备

（1）利用互联网，查找关于传统工匠的资料和图片，包括他们的工作和技艺。

（2）准备一些现代优秀工匠的故事和视频资料，展示他们在工作和创新方面的突出表现。

（3）邀请一些学生提前了解工匠精神的相关知识，准备在班会上分享自己的感受和体会。

活动过程

（一）开场白

在班会开始之前，主持人先介绍本次班会的主题和目的，引导学生进入主题。

主持人开场白示例

尊敬的老师、亲爱的同学们：

大家好！

欢迎来到今天的主题班会，我们的主题是——工匠精神。

工匠精神，是一种追求卓越、精益求精的精神。它代表着对工作的热爱和执着，对质量的追求和坚持，对细节的关注和执着。这种精神在我们的日常生活和工作中都有着非常重要的意义。

今天，让我们一起探讨工匠精神的内涵和价值，了解它对我们的成长和未来的影响。我们将通过案例分享、讨论交流等方式，深入了解工匠精神的实质和实践方法。让我们一起学习、成长，成为具有工匠精神的人！

现在，让我们开始今天的主题班会吧！

（二）工匠精神的含义

工匠精神是一种职业精神，其基本核心是敬业、精益、专注、创新等。这种精神源于工匠对于工作的热爱和追求，他们对自己的工作有着极高的要求和标准，不断追求卓越和完美。

工匠精神不仅体现在精细的工艺和精湛的技能，更在于工匠们对于工作的热情和专注，对于品质的追求和坚持。工匠们对于细节的关注和追求，使得他们的作品无论在外观上还是在质量上都达到了极高的水平。

在现代社会，工匠精神同样具有重要的意义。随着科技的发展和市场竞争的加剧，只有不断追求卓越、不断改进和创新的企业才能在市场中立足。而这种追求卓越的精神正是工匠精神的体现。

在今天的学习和工作中，我们也应该发扬工匠精神，不断追求卓越和进步。只有这样，我们才能在未来的竞争中有更好的发展。

（三）传统工匠展示

俗话说："没有金刚钻，揽不了瓷器活"，工匠精神是文化的传承。让学生阅读《古代工匠介绍》，了解一些传统工匠的工作和技艺，了解传统工匠精神的体现和传承方式。

古代工匠介绍

1. 奚仲

最早的车轱辘，是两块被打磨成圆形的石头。奚仲把它们安装在水舟的底部，发明制造了以木结构为主的马拉车。这也为大禹治水提供了运输工具，解决了大禹治水运输上的难题。奚仲，被后世称为"车祖"或"车神"。

2. 欧冶子

欧冶子,中国古代铸剑鼻祖,由此开创了中国冷兵器的先河。

欧冶子经过三年铸造了湛卢剑,并将其献给越王。他从结庐砌灶开始,再生火铸剑,历经淬火(即用水突然改变剑的极热状态)和磨砺(即以一种磨剑之石打磨剑器)两道关键程序,才得到天下第一剑。

3. 蔡伦

一日大雨刚过,蔡伦去民间探访。路过洛河时,他发现了树上蒙了一层像丝絮一样的东西,很有可能成为一种书写的材料。于是他在洛河边搭建了一个临时作坊,一步步地用各种材料进行造纸试验。经过千百次的尝试,他用树皮等材料造出了一种新纸张。

4. 李廷珪

李廷珪总结原有的墨工经验,钻研制墨技术,利用徽州松树色泽肥腻、质地沉重的优点,改进制墨技术。他制墨时加入桐油和生漆后的松烟,制出的墨色泽黑而有光泽,且其坚如玉。

"廷珪墨"不仅提供了不可多得的书写材料,还为中国文化的传播提供了重要的媒介。

5. "活字印刷之父"毕昇

毕昇根据自己的实验实践经验,创造了胶泥活字印刷的技术。他发明的活字印刷术包括造活字、制版印刷、拆版等一套完整的工序。

毕昇留给后人的记忆很少,但他的活字印刷术是不会被人忘却的,还有他追求创新的工匠精神、为了传播知识的奉献精神!

6. 黄道婆

元代纺织技术革新家黄道婆年少时沦落到崖州,专心学习当地黎族纺织技术,后回家乡自办纺织坊,着手改革纺织生产工具,发明了当时世界上最先进的三锭脚踏纺车,改变了中国早期江南棉纺文化的生态格局,是我国棉纺织史上的一次重大革新,更推动了棉纺织业的快速发展。

黄道婆被称为"中国纺织之母""布业始祖""棉神"。

7. "精于榫卯"的建筑家蒯祥

中国古代宫殿建筑多为木质结构,蒯祥参与营造了天安门以及紫禁城大部分宫殿,他除了精于计算和绘图之外,还善用榫卯结构。他凭借匠心和巧手受到皇帝的礼遇和器重,成为香山帮苏州古典建筑工匠群体的鼻祖,形成独特的苏州园林建筑风格,为中国南北建筑文化交流做出了贡献。

"榫卯"结构可负荷大力量、允许结构变形、防震减灾,无一钉一铆,堪称世界建筑史上的奇迹。

8. 陆子冈

明穆宗得到了一块上好的碧玉,要求"琢玉高手"陆子冈制成扳指并在其上琢一幅《百骏图》。陆子冈琢玉技艺高超绝伦,顺利完成。他将印章、书法、绘画艺术融入玉雕艺术中,一改明代玉器行业的陈腐俗气,显示出治玉的创新精神,也把中国玉雕工艺提升到一个新的艺术境界。

我国古代治玉的辉煌时代,就是由陆子冈开启。

9. "样式雷"

"样式雷",是对清代200多年间主持皇家建筑设计的雷姓世家的誉称。中国清代宫廷建筑匠师家族:雷发达、雷金玉、雷家玺、雷家玮、雷家瑞、雷思起、雷廷昌等。被收藏在故宫的那些惟妙惟肖的"样式雷"烫样,无不向世人证实:"一家江西样式雷,半部中华建筑史。"这个家族也因此赢得了"样式雷"的美誉。

"样式雷"不仅是一种技术美学的结晶,也是一种工匠精神的典范。经过联合国教科文组织认定,《清代样式雷图档》入选"世界记忆遗产名录"。

10. 唐英《陶冶图说》

唐英能文善画,又精通制瓷,曾任景德镇督陶官。唐英烧成了"粉彩瓷""斗彩瓷""巨型或异型瓷"等新工艺、新器形,并开创了陶瓷工艺艺术化、文人化道路。他奉旨编撰《陶冶图说》,系统地整理烧造陶器的技术体系,这是我国第一部介绍陶瓷工艺的著作,还撰写了《陶成纪事碑》《陶人心语》等书。

唐英为雍正和乾隆两朝皇帝烧制瓷器并深受赏识,因此乾隆年间的官窑也被人称为"唐窑"。

(四)现代工匠展示

新质生产力理论开辟了马克思主义生产力理论的新境界,赋予新时代劳动者以新的奋斗力量和新的自我革命精神。发展新质生产力,关键在于"精品"意识、核心在于"创新"实践、特点在于"质优"力量,需要弘扬工匠精神。发展新质生产力与弘扬工匠精

神二者相互统一，并相互成就于中国式现代化伟大事业之中。

播放一些关于现代优秀工匠的故事和视频资料，让学生更直观地感受他们在工作和创新方面的突出表现，进一步了解工匠精神的现代意义。

先进人物事迹

焊接大师——艾爱国

艾爱国是第一位从湘钢走出来的焊接大师。从世界最长跨海大桥——港珠澳大桥，到亚洲最大深水油气平台——南海荔湾综合处理平台，这些国际国内超级工程中，都活跃着他的身影；从助力中国船舶制造业提升国际竞争力，比肩世界一流水平，到突破国外企业"卡脖子"技术，填补国内技术空白，都离不开他的焊接绝活。凭借一身绝技、执着追求，他2021年被中共中央授予"七一勋章"。

他在20世纪80年代采用交流氩弧焊双人双面同步焊技术，解决了当时世界最大的3万立方米制氧机深冷无泄漏的"硬骨头"问题；20世纪末带领团队10年攻坚，打破国外技术垄断，填补国内空白，实现大线能量焊接用钢国产化；花甲之年带领团队解决工程机械吊臂用钢面临的"卡脖子"技术，大幅度降低中国工程机械生产成本；主持的氩弧焊接法焊接高炉贯流式风口项目获得国家科技进步二等奖，申报专利6项，获发明专利1项。他用50多年的时间，实现了自己最初写下的"攀登技术高峰"的目标，将自己活成了一座高峰。

（五）讨论分享

现在，很多地区举办"劳模工匠进校园"活动，就是希望学生们以劳模工匠为榜样，大力弘扬劳动光荣、技能宝贵、创造伟大的时代风尚，号召学生们在学习、生活中努力向模范靠拢，苦练技能本领，努力成为高素质技能人才，以实际行动报效祖国。通过小组讨论或自由发言等方式，让学生分享自己对于工匠精神的思考和感悟，以及自己对于敬业精神和创新能力的认识和理解。

活动结束

回顾总结：教师进行总结点评，回顾本次班会的主要内容和目标，强调工匠精神的重要性和意义，肯定学生们的参与和表现，鼓励学生向工匠们学习，树立敬业精神，培养创新能力，追求卓越和创造价值。

布置作业：思考在科技发达的今天，我们是否还需要践行"工匠精神"？

主题班会 54：劳模精神

活动目标

（1）理解劳模精神的内涵和价值。
（2）了解劳模的先进事迹和优秀品质。
（3）培养学生的劳动观念和敬业精神，激励学生向劳模学习。

活动准备

（1）利用互联网，查找关于劳模先进事迹的相关资料，包括他们在生产、工作、学习等方面的突出表现。
（2）准备一些劳动模范的图片和视频资料，展示他们的风采和优秀品质。
（3）邀请一些学生提前收集"劳模工匠进校园"的新闻，并在班会上分享自己的感受和体会。

活动过程

（一）开场白

在班会正式开始之前，主持人先介绍本次班会的主题和目的，引导学生进入主题。

主持人开场白示例

尊敬的老师、亲爱的同学们：

大家好！

欢迎来到今天的主题班会，我们今天的主题是劳模精神。

劳模精神，是中国人民在劳动中形成的优良传统，也是中华民族精神的重要组成部分。这种精神，不仅仅是简单地对工作的认真负责，更是一种对于人生、对于社会的态度和责任感。

在我们的生活中，劳动模范们用实际行动诠释了这种精神。他们以身作则，用实际行动展现了劳动的光荣和价值。他们用汗水和智慧，为国家和人民做出了巨大的贡献。

今天，让我们一起走近这些劳动模范，了解他们的故事，感受他们的精神。让我们一起探讨劳模精神的内涵和价值，以及如何在学习和生活中践行劳模精神。

现在，让我们开始今天的主题班会吧！

（二）知晓劳动模范和劳模精神的含义

劳动模范简称劳模，是在社会主义建设事业中成绩卓著的劳动者，经职工民主评选，有关部门审核和政府审批后被授予的荣誉称号。

劳动模范分为全国劳动模范与省、部委级劳动模范，有些市、县和大企业也评选劳动模范。中共中央、国务院授予的劳动模范为"全国劳动模范"，是中国最高的荣誉称号。与此同级的还有"全国先进生产者""全国先进工作者"称号。

劳模精神，是指"爱岗敬业、争创一流、艰苦奋斗、勇于创新、淡泊名利、甘于奉献"的劳动模范的精神。

（三）分享感受

劳动模范是民族的精英、人民的楷模，共和国的功臣。伟大出自平凡，英雄来自人民。一个国家的非凡成就，总是由点点滴滴的平凡人物汇集而成。在社会主义建设的各个时期，以劳模为代表的广大工人阶级始终不忘初心、牢记使命，用平凡的双手创造不平凡的梦想。

劳模是我们民族的精英、国家的脊梁、社会的中坚和人民的楷模。我们评选劳模、宣传典型，其目的是要倡导人们学习劳模、尊重劳模、关爱劳模、崇尚劳模、争当劳模。

在进行先进人物事迹分享之后，邀请学生分享自己对于劳模事迹的感受和体会，引导学生深入了解劳模的先进事迹和优秀品质。

先进人物事迹

"铁人"王进喜

1960年春,我国石油战线传来喜讯:发现大庆油田!一场规模空前的石油大会战随即在大庆展开。王进喜从西北的玉门油田率领1205钻井队赶来,加入了这场石油大会战。一到大庆,呈现在王进喜面前的是许多难以想象的困难:没有公路,车辆不足,吃和住都成问题。但王进喜和他的同事下定决心:有天大的困难也要高速度、高水平地拿下大油田。钻井设备运到后,他们不等不靠,用人拉、肩扛、车拖的方法,以"宁可少活二十年,拼命也要拿下大油田"的顽强意志和冲天干劲,经过七天七夜苦干,把设备化整为零,运进现场。当时,王进喜等人吃住都在井场,日夜苦干。开钻时,调配泥浆跟不上,王进喜就带头第一个跳进泥池用人工搅拌,苦干5天5夜,打出了大庆第一口喷油井,创造了纪录。在随后的10个月里,王进喜率领1205钻井队和1202钻井队,在极端困苦的情况下,克服重重困难,双双达到了年进尺10万米的奇迹。在那些日子里,王进喜身患重病也顾不得到医院去看;钻井砸伤了脚,他挂着双拐指挥;油井发生井喷,他奋不顾身跳进泥浆池,用身体搅拌重晶石粉……一位老大娘提着一篮鸡蛋来慰问,见到钻工们就说:"你们的王队长,一连50多个小时不睡觉了,真是个铁人啊!快劝他回来休息吧,不然会累垮的!"从此,"铁人"王进喜(图6-3)的名字,不胫而走。在大庆油田工作的10年中,王进喜为我国石油事业立下了汗马功劳;王进喜身上所体现出来的"铁人精神",激励了一代代的石油工人。

图6-3 "铁人"王进喜

"农业劳模"申纪兰

普通农村妇女申纪兰(图6-4)的家乡,坐落于太行山脉的西沟村,这里自然条件极其恶劣,满坑满谷都被石头填满。1951年,她协助李顺达创办金星农林牧生产合作社,并开始带领"娘子军"们参加生产劳动,实行男女同工同酬。她们每天披星戴月,早出晚归,终于把一座光秃秃的荒山披上了绿装。

申纪兰是唯一一个从1954年第一届全国人大到2018年第十三届全国人大,连任13届人大代表的人,被称为"共和国成长的历史见证人"。

模块六　职业精神篇

图6-4　申纪兰

（四）讨论分享

了解自己所在省、市劳模的事迹，通过小组讨论或自由发言等方式，让学生分享自己对于劳模事迹的思考和感悟，以及自己对于劳动观念和敬业精神的认识和理解。

活动结束

回顾总结：教师进行总结点评，回顾本次班会的主要内容和目标，强调劳模精神的重要性和意义，肯定学生的参与和表现，鼓励学生向劳模学习，树立正确的劳动观念，培养敬业精神，为实现中国梦贡献力量。

布置作业："心有榜样，行有力量。"教师组织学生到有条件的企业、工厂车间等生产一线实地参观学习。